V&R

„Einen Freudensprung
Will ich tun am Ende
Hinab hinauf
Leicht wie der Geist der Rose“

Marie Luise Kaschnitz

Der Autor, *Peter Goes*, wurde 1940 in Ohmden, Schwäbische Alb, geboren. Heute lebt er als Klinikseelsorger in Heilbronn am Neckar und beschäftigt sich vor allem mit der Frage, welchen Einfluss die Seele auf die Gesundheit oder Krankheit des Körpers hat.

Peter Goes

Leicht wie der Geist der Rose

Selbstheilungskräfte entdecken

Vandenhoeck & Ruprecht

Meinen Töchtern Claudia und Daniela

Bibliografische Information der Deutschen Bibliothek

Die Deutsche Bibliothek verzeichnet diese Publikation in der Deutschen Nationalbibliografie; detaillierte bibliografische Daten sind im Internet über <http://dnb.ddb.de> abrufbar.

ISBN 3-525-60407-6

Umschlaggestaltung: Rudolf Stöbener

www.vandenhoeck-ruprecht.de
Printed in Germany
Schrift: Rotis Serif und Rotis Sans Serif
Satz: Weckner Fotosatz GmbH | media+print, Göttingen
Druck und Bindung: Hubert & Co., Göttingen

Vorwort

„*Leicht wie der Geist der Rose*" – mit dieser Zeile aus einem Gedicht von Marie Luise Kaschnitz lade ich Sie ein, mit mir die Reise ins eigene Innere zu wagen, um Kräfte aufzuspüren, die uns heil sein lassen und Heilung bewirken können. Erleben von Schönem und körperliches Wohlgefühl hängen zusammen. Wie viel nicht-gelebtes Leben blockiert und lähmt eigene kreative Impulse und Initiativen? Wie viel tun wir, nur um anderen zu entsprechen und das oft vom ersten Lebenstag an? Wie viel unentdeckte Lebenskraft könnte aus uns heraussprudeln, wenn wir uns besser kennen und wertschätzen würden!

Mein Buch will anregen, diese ungelebte Seite in uns zu entdecken und nach Kraft- und Energiequellen zu suchen. Ganz oft ist das Naheliegende und Einfache das, was uns gut tut, was heilende Quellen für die Gesundheit von Körper und Seele in uns zum Fließen bringt.

Viele Bücher berichten über Selbstheilung und manches davon habe ich in diesem Buch aufgenommen. Oft fand ich Themen wie Ernährung, Sport, Medizin, fernöstliche Heilmethoden oder Wellness ausführlich behandelt, doch mir fehlte meist der soziale und religiöse Aspekt der Integration in eine ganzheitliche Sinngebung. Es ist mir wichtig, auch über die Bedeutung von Lebens-Sinn, über die Macht der Sprache, über die Wirkung von Kunst, über die Verankerung in Glaubensüberzeugungen zu schreiben. Es lohnt sich, auf die eigene Stimme zu hören, sich auf den eigenen Wesenskern zu besinnen und dem nachzugehen, was Vertrauen und Lebenssinn stiftet. Welche geistigen Quellen nähren uns und geben uns Halt? Wo fühlen wir uns angenommen und geborgen? Welche Kräfte der Liebe tragen uns? Warum werde ich krank und weshalb gerade ich? Gesundheit und Krankheit haben in jedem Falle etwas mit meinen Kräften, mit meinen Schwächen, mit meinem Seelenzustand zu tun.

Zur seelischen Gesundheit gehört die Überzeugung, dass unser Leben einen Sinn hat, dass es lebenswert ist.

Der ausschließliche Blick auf ein krankes Organ und dessen Behandlung führt zu einer Fragmentierung des Menschen. Das Funktionieren des Organs mag sich so bessern, doch zur echten Heilung gehört mehr. Der Kardiologe Prof. Dr. Joachim Cyran sagte bei einem Vortrag zum Thema „Medizin – Ethik – Glaube“ (Heilbronn 1996): „Nur das vertrauensvolle Gespräch im Sinne von Ansprechen, von Erkennen und Mitfühlen, wird eine Behandlung des Kranken ermöglichen, die seinem Leib und seiner Seele gerecht wird.“ Ein solches Gespräch muss geführt werden in Achtung vor dem Patienten, die dessen Eigenverantwortung respektiert und mit einbezieht. Ich setze mich ein für die Wiederentdeckung eines eigenverantwortlichen, selbstbestimmten Umgangs mit Gesundheit und Krankheit, im Sinne des Arztes Paracelsus: „Der Mensch ist des Menschen beste Arznei!“

In vorbereitenden Gesprächen zu diesem Buch erlebte ich dankbar, wie viel Bereitschaft bei Patienten, Mitarbeitern und Freunden da war, aus ihrer eigenen Lebensgeschichte zu berichten. Es war ihnen ebenfalls wichtig, eigene Erfahrungen und Berichte über zurückgelegte Wegstrecken als Hilfe für andere einzubringen. Ich danke an dieser Stelle dafür, ebenso für die Erlaubnis zur Weitergabe.

Dem Verlag Vandenhoeck & Ruprecht danke ich für die Förderung und Aufnahme des Manuskripts und die gute Zusammenarbeit. Meiner Frau Hildegard danke ich für die vielen kreativen Impulse, die das Werden des Buches begleitet haben.

Ich wünsche Ihnen beim Lesen dieses Buches, dass sich in Ihnen verborgene Kraftquellen erschließen und sie in Einklang kommen mit der Wärme des Lebens und mit der Liebe, die heilt, wider alle Kräfte der Zerstörung. Leicht ist der Geist der Rose, die in dir liegt. Lass sie blühen!

Peter Goes

Inhalt

Werde Kapitän! Und ich wünsche dir auf deinem Schiff guten Wind, um den optimalen Kurs einzuhalten.

1 Selbstbestimmter Umgang mit Krankheit und Gesundheit

Ich lade Sie ein, sich mit mir zusammen auf einen Weg zu machen, der hilft, mit Krankheit und Gesundheit in selbstbestimmter Weise umzugehen und der hinführt zur Entdeckung und Entwicklung von Selbstheilungskräften in unserem Körper, in unserer Seele.

Jeder von uns, ganz unabhängig von seinem Bildungsstand, hat ein Wissen in sich, das ihm sagt, wie er sich fühlt, was ihm gut oder nicht gut tut. Denken Sie an ein neugeborenes Kind, das schreit, wenn es Hunger hat, wenn es im Nassen liegt, wenn es die Nähe und Wärme seines Vaters, seiner Mutter braucht. Im Laufe des Erwachsenwerdens kann dieses ursprüngliche Wissen verloren gehen. Dieses Buch soll helfen, ein Spürbewusstsein zu entwickeln und zurückzufinden zu dieser Weisheit, die von Anfang an in uns hineingelegt wurde.

Glücklicherweise leben wir in der Situation, im akuten Krankheitsfall Fachpersonal zur Seite zu haben. Jedem von uns steht es zu, die Hilfe eines Arztes, Psychologen oder Seelsorgers in Anspruch zu nehmen. Ein informierter, mitdenkender Patient sucht das Zusammenwirken mit seinem Arzt. Der Arzt schätzt ebenfalls in aller Regel den Patienten, der mit ihm aktiv zusammenarbeitet. Selbstbestimmter, mündiger Umgang mit Krankheit und Gesundheit zeigt sich auch darin, dass ich mit meinem „medicus internus“, meinem „inneren Arzt“ in aufmerksamer, reger Verbindung stehe, um zu spüren, was meinem Körper gut tut.

Die Weisheit des Körpers – Selbstheilungskräfte entdecken und entwickeln

Unser Körper ist so geschaffen, dass ihm von vornherein Impulse zur Selbstheilung und zum Schutz mitgegeben worden sind. Dazu gehören:

- Das Signal des Fiebers
- Die Selbstheilung nach einer Verwundung
- Die regenerierende Kraft des Schlafes
- Die lebenserhaltende Energie des Atems

Bei allen Selbstheilungsimpulsen spielt die Psyche – in Verbindung mit dem Nerven- und Hormonsystem – eine „Schlüsselrolle".

Das Signal des Fiebers

Fieber ist der Versuch des Körpers, durch Temperaturveränderung eine Gesundheitsbedrohung zu überwinden.

Die Selbstheilung nach einer Verwundung

Bei einer Verwundung ist die Tendenz des Körpers zur Selbstheilung wahrnehmbar: Über der Wunde bildet sich ein Schorf zum Schutz gegen eindringende Bakterien.

Bei Besuchen in der Unfall-Chirurgie staune ich oft darüber, mit welcher Kunstfertigkeit selbst die kompliziertesten Knochenbrüche chirurgisch versorgt und Arme und Beine wieder funktionsfähig gemacht werden. Allerdings: Die Schnittwunden müssen selbst heilen. Es hat keiner die Macht, die Wunde zu heilen. Förderlich für jede Wundheilung ist ein guter physischer und psychischer Allgemeinzustand.

Die regenerierende Wirkung des Schlafes

Nach gutem, gesundem Schlaf haben wir neue Vitalität, Mut und Kraft zur Bewältigung von anstehenden Aufgaben. Im Schlaf erneuert sich nachweislich auch unser Gedächtnis wieder, so dass wir uns an Worte erinnern, nach denen wir am Vorabend vergeblich gesucht hatten.

Jedem von uns ist der Ausspruch bekannt: „Darüber muss ich erst eine Nacht schlafen." Und tatsächlich: Mit dem Abstand einer Nacht scheint vieles klarer ans Licht zu treten und in einer gelasseneren Sichtweise da zu stehen. Im Schlaf werden die unzähligen Sinneseindrücke, Gefühle und Gedanken des Tages verarbeitet. Auch unsere Träume sind ein wichtiger Bestandteil dieser „Festplatten-Wartung". Jeder sollte deshalb auf ausreichend Schlaf achten, wobei der Bedarf individuell verschieden sein kann.

Die lebenserhaltende Energie des Atems

An dieser Stelle möchte ich ein Zitat einfügen von Pater Beda Müller (Kloster Neresheim), in dem er autobiografisch das Wunder der Schöpfung und der ständigen Selbsterneuerung beschreibt: „Unsere Lunge ist ein Wunderwerk. Millionen von Lungenbläschen gehören dazu. Sie ist Tag und Nacht in Betrieb. Wir können Tage oder vielleicht Wochen ohne Schlaf oder Nahrung überleben. Aber wir können es keine Minute aushalten ohne zu atmen. Und obwohl wir auch Schmutzstoffe, ja sogar Krankheitserreger einatmen, schafft es unser Organismus, diese auszusondern. Die Härchen in der Nase und die Schleimhäute der Atemwege sorgen dafür. Bei mir geht das schon über 70 Jahre gut, ohne Reinigung, Wartung und ohne Erkrankung. Ich staune und danke."

Spätestens an dieser Stelle wird deutlich, wie das Wunderwerk „Mensch" geschaffen ist und wie Gottes schöpferische Fülle in uns wohnt und sich ständig erneuert (creatio continua). Goethe sagt in dem Gedicht „Talismane“: *Im Atemholen sind zweierlei Gnaden: Die Luft einatmen, sich ihrer entladen.* Oder hören wir Hesse: *Atmen tut wohl, Atmen ist Seligkeit, ist Gebet und Gesang* (aus „Tag im Gebirg“). Bewusstes Atmen entlastet. Konzentrieren Sie sich immer wieder einmal darauf, tief und regelmäßig aus- und einzuatmen. Wenn Sie sich müde oder unter Druck fühlen – beispielsweise in einer Prüfungs-Situation – kann bewusstes Atmen körperlich und seelisch entlasten. Atmen Sie Lebenskraft!

In den biblischen Sprachen wird für Luft, Atem, Odem, Wind und Hauch das gleiche Wort gebraucht, wie für den Heiligen Geist Gottes. Im Hebräischen ist es das weibliche Wort *ruach,* im Griechischen das Wort *pneuma,* im Lateinischen heißt es *spiritus.* Sogar das Indogermanische „Atman“, die Bezeichnung für den indischen Hauptgott, hat die gleichen Konsonanten wie „Atem“. Dieser Sprachbefund deutet darauf hin, dass zwischen der physischen und der metaphysischen Ebene mittels des Atems wichtige Beziehungen bestehen. Nach dem Bericht der Genesis hauchte Gott dem Menschen am Anfang Atem ein. Ein berühmtes Gebet von Augustinus beginnt mit den Worten „Atme in mir, Heiliger Geist“. Im bewussten Atmen und Beten sind wir wohl Gott dem Schöpfer und damit dem Geheimnis unserer Lebenskraft und Energie am nächsten.[1]

Atem-Meditation

- Indem Sie sich auf Ihre Atmung konzentrieren, kommen Ihre Gedanken zur Ruhe:
- Suchen Sie einen ruhigen, ungestörten Ort, an dem Sie sich wohl fühlen und nehmen Sie sich etwa 15 Minuten Zeit.

- Setzen oder legen Sie sich entspannt hin.
- Schließen Sie die Augen und versuchen Sie alles um sich herum zu vergessen.
- Beobachten Sie, wie Sie ein- und ausatmen.
- Schenken Sie diesem eigenen Atemrhythmus Aufmerksamkeit, ohne ihn zu beeinflussen.
- Wenn die Atmung dabei schneller oder langsamer, flacher oder tiefer wird, lassen Sie das in aller Ruhe zu.
- Vielleicht denken Sie mit der Zeit an etwas ganz anderes, schweifen gedanklich in die Ferne. Sobald Sie das an sich wahrnehmen, lenken Sie gelassen Ihre Aufmerksamkeit auf Ihre Atmung zurück.
- Lösen Sie sich von allen Erwartungen und ruhen Sie bewusst atmend ganz in sich.
- Öffnen Sie langsam die Augen, schauen Sie sich um und wenden Sie sich wieder Ihren Aufgaben zu.

Seele und Gesundheit

Es ist heute wissenschaftlich unumstritten, dass die Psyche einen erheblichen Einfluss auf Entstehung und Verlauf von Krankheiten hat. Bei Menschen, die chronisch unter seelischem Druck stehen, kann sich das z.B. als Bluthochdruck auswirken. Ähnlich ist es mit der Prüfungsangst: Sie kann Kopfschmerzen, Herzklopfen, Schweißausbrüche, Denkblockaden auslösen. Unser Magen, unsere Galle wissen zwar nichts von Pessimismus und Ärger oder Furcht, dennoch reagiert unser Körper auf alle seelischen Befindlichkeiten. Wenn uns das bewusst ist, verstehen wir, warum Kummer und Distress krank machen können.

Ich selbst habe das Phänomen des „Nachsterbens“ bei einem über 80-jährigen Mann erlebt. Er hatte über 40 Jahre lang seine psychisch kranke Frau zu Hause gepflegt und ihr somit den Aufenthalt in einer psychiatrischen Anstalt erspart. Sein größter Wunsch war, nicht vor seiner Frau sterben zu müssen, sondern sie um wenigstens einen Tag zu überleben. – Er starb genau eine Woche nach dem Tode seiner Frau. Somit hatte sich sein Wunsch erfüllt: Seine Frau hatte bis zu ihrem Lebensende zu Hause bleiben dürfen.

Wir alle kennen die Macht der Gefühle, die sich auf unseren ganzen Körper auswirken. So schwächen Depressionen, Versagensängste oder auch Einsamkeit das Immunsystem. Sätze wie: „Ich will dich verlassen“ oder „Hiermit kündige ich Ihnen zum Monatsende“ oder „Ihre Arbeit ist für uns wertlos“ erzeugen einen solchen psychischen Stress, dass durch eine Überproduktion von Adrenalin der ganze Körper in Anspannung versetzt wird, wie wenn wir mit einem Bären kämpfen müssten. Dabei wäre zu diesem Zeitpunkt gerade das Gegenteil erforderlich: Ruhe, konzentrierte Gelassenheit und ein kühler Kopf. Weitergehend stellt der Psychoneuroimmunologe Dr. med. Klaus Mohr fest, dass ein einseitiger, übermäßig überzogener Egoismus zu Überreaktionen, zu Autoimmunreaktionen, die schließlich das Immunsystem erschöpfen, führen kann. Umgekehrt gilt aber ebenso: Gelassenheit, Fröhlichkeit, Liebe und Lebensfreude stärken das Immunsystem. Wer glücklich und ausgeglichen ist, stärkt seine Abwehrkräfte. Das wirkt sich auf das gesamte Herz-Kreislauf-System, auf die Gehirnzellen, auf den ganzen Körper positiv aus. Die PNI-Forschung lehrt uns, dass Immunstörungen nicht alleine auf der körperlichen Ebene entstehen: Das Immunsystem wird auch vom Empfinden, Denken und Fühlen beeinflusst, fördernd oder hemmend. Diese Forschungsrichtung beweist mit analytischen Methoden Verknüpfungen des Gehirns mit dem Immun-, dem Hormon- und dem Nervensystem. Damit sind die seit langem vermuteten Beziehungen zwischen Seelenleben und Selbstheilungskräften wissenschaftlich hoffähig geworden.[2]

Diese nur groben Beschreibungen der leib-seelischen Zusammenhänge in unserem Organismus verdeutlichen, wie begrenzt eine medizinische Sichtweise des Menschen ist, die sich auf einzelne Organe oder Teilsysteme konzentriert, sobald sie nicht mehr funktionieren. Das bekräftigt Dr. Dr. Karl-Heinz Schulz von der Deutschen Gesellschaft für Med. Psychologie (DGMP), Universitätsklinik Hamburg-Eppendorf, indem er sagt: „Soziale und psychische Faktoren beeinflussen unsere Körperfunktionen. Dies muss in der Medizin stärker berücksichtigt werden."

Wie sehr Geist, Seele und Körper miteinander verwoben sind und sich wechselseitig beeinflussen, ist spannend nachzulesen im Buch von Eva-Maria Sanders, die über die Heilung ihrer Krebserkrankung geschrieben hat. Sie war 36 Jahre alt, als sie mit der Diagnose konfrontiert wurde: „Krebs und noch sechs Wochen Lebenszeit!" Sie fand den Weg, ihre Selbstheilungskräfte zu mobilisieren und wurde gesund. Überschrieben hat sie ihr Buch mit dem Titel „Freude! So schön ist das Leben." Sie wendet sich dagegen, dass wir Menschen die Freude oft nur im Außen suchen, anstatt in unserer eigenen Mitte, in der schöpferischen Kraft in uns. „Gott ist Energie und Fülle!"

Auf dem 9. Internationalen Kongress der „Gesellschaft für Biologische Krebsabwehr" (Heidelberg, 1999) sprach die Biochemikerin Caryle Hirshberg (USA) über ihre mehr als zehnjährige Forschungsarbeit, in der sie eine Sammlung medizinisch dokumentierter Berichte über Spontanheilungen von Krebs zusammengetragen und veröffentlicht hat. Vertiefend ging sie auf die Frage ein, wie Glaube, Emotionen und Verhalten eines Menschen den Prozess einer lebensbedrohenden Krankheit beeinflussen. Durch die Fülle und Vielfalt ihrer überzeugenden Beispiele von Menschen, die auf unterschiedlichsten Wegen nachweislich ihre tödliche Krankheit überwunden haben, vermittelte Frau Hirshberg Zuversicht und einen starken Glauben an die Kraft und Harmonie, die in jedem einzelnen von uns verborgen sind.

In beeindruckender Weise wurde dabei auch hervorgehoben, dass diese Harmonie nur erreichbar ist, wenn nichts ausgegrenzt wird, wenn nicht nur ein tieferer Sinn für das Weiterleben, sondern auch für die Möglichkeit des Sterbens gesucht und gefunden wird. Erst wer verstanden hat, was mit ihm geschieht, wird fähig, seinem eigenen Schicksal zu begegnen, es zu beeinflussen, ohne unrealistische Hoffnungen zu nähren. Ich habe die Möglichkeit zur Gesundung, aber keine Garantie dafür. Durch neue Sichtweisen meiner Krankheit kann ich zu einer neuen Gesundheit kommen. Dies setzt Energien frei und befähigt mich, anzuerkennen, dass mein Leben nicht endlos ist. Ich kann Sterben als Teil meines Lebens begreifen und es annehmen.

Hilfreich kann zur Annahme der Endlichkeit des eigenen Lebens ein meditatives Wort sein wie dieses:

Gott,
alles ist vergänglich.
Du bleibst.
In dir vergeht auch die Vergänglichkeit.
Am Ende wirst du
alles in allem sein.
Und das in Ewigkeit.

Auch Denise de Boer, die ebenfalls mithilfe ihrer Selbstheilungskräfte den Krebs besiegte, sagt: „Um zu gewinnen, muss ich mich auf das konzentrieren, was mir Freude macht, auf das, was ich kann." Die ewigen „loser" in diesem Leben seien jene Menschen, die immer dem hinterherjammern, was nicht mehr geht.[3]

Glückliche Menschen sind Realisten. Sie jagen nicht ständig Phantombildern und Luftschlössern hinterher, sondern schätzen ihre Möglichkeiten und Ansprüche richtig ein. Die ewige Suche nach irgendeinem Sündenbock für alles, was uns nicht gelingt, das Nicht-Zugeben-Können, dass wir unser Schicksal selbst in die Hand nehmen müssen, wenn sich etwas ändern soll, sind „Glückskiller". Versuchen wir also, das Glücksgefühl zu unserem häufigen Begleiter zu machen. Auch in schwierigen Lebenssituationen habe ich immer noch die Entscheidungsfreiheit der positiven oder negativen Sichtweise.

Neben dem offen sein für Freude möchte ich als weiteres Mittel auf dem Wege zu seelischer Gesundheit und Selbstheilung drei wichtige Quellen nennen:

- Die Hoffnung
- Die Liebe zum Leben
- Der Glaube an Gott und den eigenen Selbstwert.

Hoffnung

Aus vielen Untersuchungen und aus eigener Erfahrung wissen wir, dass die Hoffnung auf Linderung von Beschwerden oder auf Heilung wirklich therapeutisch wirkt. Es geht nicht darum, falsche Illusionen im Blick auf eine klare Diagnose zu wecken, aber Hoffnung ist eine Kraft, die hilft, besser mit der Krankheit zu leben. Es ist oft gar nicht so sehr von Bedeutung, ob unser Hoffen zum Erfolg führt. Wichtig ist, dass wir überhaupt Hoffende bleiben. Mit Recht wird gesagt „die Hoffnung stirbt als letztes". Echte Hoffnung schließt auch das Sehen der Realität einer Diagnose mit ein, erfordert aber unbedingt Zurückhaltung hinsichtlich einer Prognose für die verbleibende Lebenszeit. Ob Aussicht auf Weiterleben und Genesung besteht oder ob ich die Endlichkeit meines Daseins annehmen muss, in jedem Fall ist Hoffnung der „Sauerstoff" meiner Seele, lässt mich weiter atmen. Ohne Hoffnung bin ich erstarrt und schneide mich ab von Quellen und tragenden

Kräften, kann nicht mehr fröhlich sein, aber auch nicht mehr trauern. Hoffnungslosigkeit bedeutet Erstarrung. Bleiben wir berührbare und bewegte Menschen!

Die Liebe zum Leben

Die Weisheit der Schöpfung lehrt uns, auf unsere Gefühle zu achten, sie uns bewusst werden zu lassen, die „Leichtigkeit des Seins“ zuzulassen. Leben mit allen Sinnen fördert Lebenssinn. Lieben Sie Ihr Leben! Erspüren Sie, was Ihnen gut tut: Vielleicht ein warmes Bad, eine schöne Melodie, ein Sonnenspaziergang oder ein gutes Gespräch mit Freunden. Wie glücklich fühlen wir uns bei einer freundschaftlichen Umarmung oder einer Waldwanderung in netter Gesellschaft, bei einem genüsslichen Essen, ob allein oder in gemütlicher Runde!

Lebensbejahung und echter Genuss gehören zu den wichtigsten gesundheitlichen Schutzfaktoren. Damit meine ich nicht die so seltenen sechs Richtigen im Lotto oder den beruflichen Riesenerfolg. Ich meine damit die Offenheit für kleine, alltägliche Freuden und Überraschungen: das Staunen über die Hand voll Fröhlichkeit, über den Fingerhut voll Glück und auch darüber, dass man in Zeiten der Wut vor sich selbst das Weite gesucht – und sich dennoch immer wieder gefunden hat. Aus dem Staunen und Lächeln und dankbar sein, wächst ein Netz guter Erfahrungen. Dieses Netz trägt und hilft mehr, als wir glauben. Es ist eine zarte Ermutigung, den Seiltanz des Lebens zu wagen. Allen Entmutigungen zum Trotz!

Viele Menschen bewerten Anstrengung und Leistung zu hoch: Die perfekt geputzte Wohnung, die weißeste Wäsche, das schnellste Auto, die entfernteste Urlaubsreise dorthin, wo kein anderer war. Bei Kindern: die beste Schulnote, die modernsten Markenschuhe, Ballett, Kurse, Sport, verplante Freizeit. Dann: jung sein um jeden Preis, beruflicher Aufstieg, pausenlose Freizeitbeschäftigung und lückenlose Terminplanung gelten als absolut wichtig und erstrebenswert. Wo bleibt die Zeit für Muße, Stille, und Raum für schöpferisches Nichtstun, Kreativität und Entspannung? Setzen Sie sich doch einmal hin, ohne das Einschalten von Radio, Fernsehen, Computer und Internet, ohne Telefon, Handy und Faxgerät, und lassen Sie es still werden in sich. Vielleicht wird Ihnen zunächst die gewohnte Aktivität, die gewohnte Geräuschkulisse fehlen. Doch versuchen Sie dennoch diese Ruhe auszuhalten, ihren eigenen Atem wahrzunehmen. Lassen Sie Ihre Gedanken einfach spazieren gehen. Spüren Sie in sich hinein, kommen Sie bei sich selber an. Vielleicht steigen in Ihnen Gefühle von Trauer und Schwere auf, vielleicht aber auch von Glück und Freude. Alles darf sein, lassen Sie es zu. Auch Wut und Verzweiflung dürfen hier herauskommen. Alles darf weit werden, alles darf fließen wie ein ruhig dahinfließender breiter Strom oder auch wie ein reißender Wasserfall.

Das strömende Leben, das sich durch nichts aufhalten lässt, habe ich in einem meiner Gedichte so beschrieben:

Sein lassen

Ich möchte mich
dem fließenden Strom
überlassen
den Winden
der Sonne am Meer
und den Dingen
wie sie durch
Wellen an mein Ufer geschwemmt werden

Ich möchte
Beschwörungen loslassen
Haben und Rechthaben
Wollen und Klammern

Gekränktheit
vergebliche Zwänge.

Ich möchte allem
das Sein lassen
begrenztem Geschick
hingegeben
dem Gefühl des
Augenblicks
eingeholt durch die
Lebendigkeit der
Sinne.

Peter Goes

Das Gefühl, in ein Großes, Ganzes eingebettet zu sein, gehört zu den heilsamen Kräften, die dem Leben Sinn geben. Wie gut geht es dem Menschen, der sich gehalten fühlt von einem tragenden Beziehungsgeflecht in Familie und Freundschaften. Auch ein gutes Support-System ist hilfreich, nichts in sich hineindrücken müssen, alles aussprechen dürfen. Wichtig ist ein Gefühl der Zuversicht, dass die Dinge sich gut entwickeln, dass ich auf die eigene innere Stimme und auf meine eigenen Fähigkeiten vertrauen kann und auch auf Unterstützung durch andere Menschen. Ein wichtiger Pfeiler der seelischen Gesundheit ist das grundlegende Gefühl, dass mein Leben hier auf dieser Welt einen Sinn hat. Lassen Sie die Liebe zum Leben und zu allem Schönen in sich groß werden. (Dr. Carl Simonton)

Wenn ich an einem Frühlingstag aus meinem Zimmerfenster in den Garten schaue, erlebe ich, wie der Fliederbusch allmählich aufblüht, sehe, wie sich an jedem Tag neue Blüten öffnen und habe das Gefühl, dass es im Moment auf dieser Erde für mich nichts Sinnvolleres zu tun gibt als zu schauen und zu staunen. Ich bin von Dankbarkeit erfüllt. Wie gut und schön ist es, sehen zu können, was da wächst, blüht und gedeiht, um Kraft und Lebensmut zu bekommen für alles, was das Leben dann auch an Schmerzlichem und Misslichem noch bereithält.

Hildegunde Wöller – Autorin des Buches „HerzensTore" – spricht von der Via Positiva: „Bevor der Blick sich den menschlich-allzumenschlichen Misshelligkeiten zuwendet, muss er Maß nehmen an den Maßen des Schönen, Heilung suchen im Licht eines Frühsommertages und sich stärken am Duft von Blüten, Grün, Sonne und Regen. Wie sollten sonst die schönen Bilder einer neuen Welt, die frisch wie ein junger Schöpfungsmorgen ersteht, ihn ergreifen und Hoffnung wecken?"[4]

Schon zu Beginn des 20. Jahrhunderts schrieb die früh verstorbene Mutter meines Vaters, Elisabeth Goes, einen äußerst lebensklugen Sechszeiler, der den Blick auf das Schöne lenkt und dem „Dornenreichen" des Lebens den Stachel nimmt: *Von der lichten Seite / lasst uns die Dinge sehn. / Die Rosen haben Dornen,/ so hör' ich oft euch klagen. / Ich jauchze in die Lüfte, / dass Dornen Rosen tragen!*

Hildegard von Bingen beobachtete schon vor 900 Jahren: Alles Blühen und Grünen ist ein Gleichnis für den heiligen, schöpferischen Gottesgeist. Dieser Gottesgeist ist täglich draußen in der Natur sichtbar. Alles atmet, alles öffnet sich. Wenn es doch dem Menschen auch so leicht fallen würde sich zu öffnen und zu blühen wie eine Blume. Doch wie oft sind wir in unserem Innersten verschlossen, kaum uns selbst zugänglich! Wenn wir uns öffnen, uns selbst oder einem anderen gegenüber, wenn wir uns in aller Ehrlichkeit zeigen würden, so wie wir sind, wir kämen auch wie eine Blüte zum Leuchten, Duften und Aufblühen! Es kann sein, dass wir nicht in der Lage sind, uns einem anderen Menschen gegenüber zu öffnen, vielleicht vor Scham, vor Angst nicht angenommen, verletzt oder verurteilt zu werden. Wer bleibt dann noch, wem dürfen wir all unsere Gedanken mitteilen, wer wartet auf unser Bitten und Flehen, wenn nicht Gott?

Mit welchem Großmut lässt eine Rose es zu, dass andere sich an ihr freuen, an der Farbe ihrer Blütenblätter, an ihrem Duft, am Geheimnis ihres Kelches, das jeder für sich anders zu deuten weiß. Sich auf solche Weise anderen und der Welt zu schenken, ist wahrer Reichtum, ist Erfüllung!

Der Glaube an Gott und den eigenen Selbstwert

Es gibt ein zutiefst menschliches Bedürfnis nach Spiritualität im Sinne der Gewissheit, dass es Kräfte gibt, die mich unterstützen und die mich beschützen. Die Rückbindung an unseren göttlichen Ursprung gibt uns Menschen einen Halt, den so keine Psychologie, keine Philosophie und keine Medizin geben kann. Das Bewusstsein, Teil einer höheren Ordnung und in einen größeren Zusammenhang des Lebens eingebettet zu sein, gibt Schutz und Geborgenheit in einer weithin orientierungslosen Zeit.

Die Gewissheit, nicht ausschließlich auf mich selbst gestellt zu sein, sondern von einer Sinn gebenden höheren Kraft unterstützt zu werden, nimmt Lebensangst, ermöglicht zwischenmenschliches Vertrauen und nimmt das Alleinsein, das oft quälend an unserem Zustand beteiligt ist. Wo diese Gewissheit nicht vorhanden ist und weitergegeben wird von Generation zu Generation, da bleibt der Mensch alleine und es besteht die Gefahr, auf Gewalt, Hass und Misstrauen zu setzen. Wenn das Vertrauen in eine Sinn gebende höhere Macht verloren gegangen ist, fehlt auch bald der Respekt des Menschen vor dem anderen Menschen. Es muss ein neues Menschentum lebendig werden, das zeigt, dass der Mensch doch des Menschen Freund – und nicht Wolf! – sein sollte.

Hören wir auf das Wiegenlied einer Mutter, das von Kriegsangst geprägt ist: *Schlafe noch, ruhe Kind, ehe die Nacht verrinnt, lautlos im Schatten der Mulden, ehe dein*

Herz erkannt, was von des Menschen Hand Menschen erdulden. (Marie-Luise Kaschnitz)

Barmherzigkeit und Toleranz anderen gegenüber ist da möglich, wo wir mit uns selbst tolerant umgehen, wo wir eins mit uns sind, auch Schwächen annehmen und integrieren.

„Jeder Mensch spiegelt in einmaliger Weise Gottes Herrlichkeit wieder. Heilung geschieht nur da, wo der Mensch sein anfängliches Gesicht, das ihm von Gott geschenkte Antlitz entdeckt und sichtbar werden lässt."[5]

Das Vertrauen in ein Eingebundensein, ein Geborgenheitsgefühl im Erfahren dieser schützenden Macht, gibt dem Leben Leichtigkeit und bildet somit auch einen wichtigen Schutz der Gesundheit. Wenn wir in Gott eine Verankerung gefunden haben, leben wir leichter und bewältigen Konflikte besser. Dieses Vertrauen schließt mit ein, dass wir ihm all unsere Sorgen sagen dürfen und er uns hilft, bei uns anzukommen. So lassen wir uns in die unendliche Güte, Zuneigung und Geborgenheit in Gott Stück für Stück fallen, indem wir ihm auch unser Leid geben, indem wir nicht mehr alleine versuchen, alles mit uns selbst abzumachen. Lassen wir uns von Gott helfen!

Vergewisserung

Gottes Liebe hält mich.
Nicht ich bin die Quelle der Liebe, aber ich bin längst hineingenommen, ich bin längst geliebt.
Es ist, wie wenn ich aufwache, die Augen aufschlage und in ein liebes Gesicht sehe, das schon lange bei mir wacht.
Du bist ja da!
So schlagen wir eines Tages die Augen zu Gott auf: Du bist es, der mich längst geliebt hat.

In dem bereits erwähnten Buch von Eva-Maria Sanders über ihre Selbstheilung, hat sie das Geheimnis dieser göttlichen Energie folgendermaßen beschrieben: „Gott ist unser aller Vater, wir sind seine Kinder, und als solche tragen wir alle etwas von seiner göttlichen Energie in uns. ... Gott ist mit uns, wo wir uns auch immer hineinmanövrieren, ob wir uns für den einen oder den anderen Weg entscheiden. ... Indem wir ihn als höchste energetische Präsenz betrachten, die immer bei und mit uns ist, mit der wir kommunizieren können – ohne Angst.“[6]

Nicht nur im Notfall wirken Gottes Kräfte, nein, wir dürfen Gott einladen in unser Leben, damit er seine schützende Hand über uns halten kann. Kranke, die geborgen sind in ihrem Glauben, erleben oft einen viel schnelleren Heilungsprozess. Religiöse Bindung in Gestalt eines Sinn stiftenden Glaubens an eine höhere Macht beseitigt in der Regel zwar keine Krankheiten, hat aber vorbeugende Wirkung und ermöglicht ein größeres Wohlbefinden. Menschen, die von der Existenz eines liebenden und verzeihenden Gottes überzeugt sind und sich in einer Gemeinschaft von Gleichgläubigen geborgen fühlen, entwickeln größere Widerstandskräfte gegen Krankheiten. Helfend und heilend kann der Glaube allerdings nur wirken, wenn Gott in der Gestalt des liebenden Freundes erlebt und spürbar wird. Wird Gott dagegen als der Gestrenge, Kontrollierende, Strafende, einseitig verkündigt, so führt dies den Menschen eher in Ängste. Als hilfreich und heilsam empfinde ich das Gottesverständnis der Theresa von Avila (1515–1562), die in der Kirchengeschichte erstmalig das Gebet als ein „Reden wie mit einem Freund“ bezeichnet hat. Die Bedeutung der Gottesbeziehung fasst Dag Hammarskjöld eindrucksvoll zusammen: „Gott stirbt nicht an dem Tag, da wir aufhören, an einen persönlichen Gott zu glauben. Wir aber sterben in der Stunde, da unser Dasein nicht mehr vom Glanz des immer neu geschenkten Wunders durchleuchtet wird, dessen Quellen jenseits aller Vernunft liegen.“[7]

Mit diesem menschenfreundlichen Gottesbild in mir fühle ich mich aufgerufen, mein eigenes Selbstbild zu überdenken. Ich bin nicht ein kleiner unmündiger Knecht, im Gegenteil, ich bin aufgewertet, Gottes Ebenbild zu sein. Aus diesem Glauben heraus schöpfe ich einen Selbstwert, der mich erhebt und mir Flügel verleiht. Hermann Hesse drückt das so aus: „Ich bin der Schöpfung geliebtes Kind." Das hat nichts mit Überheblichkeit oder menschlicher Hybris zu tun. Die Aufwertung des Menschen hängt direkt mit dem Wesen Gottes zusammen. In der Apostelgeschichte heißt es: „Wir sind göttlichen Geschlechts" (17,29). Und im Psalter wird gefragt, was der Mensch – von Gott her gesehen – ist, worauf der Psalm antwortet: „Du hast ihn wenig niedriger gemacht als Gott selbst, mit Ehre und Herrlichkeit hast du ihn gekrönt" (Psalm 8,6). Die ganze Erscheinung der Menschwerdung Jesu Christi auf Erden wird als „Philanthropia", als Menschenfreundlichkeit gedeutet (Titus 3,4). In dem Wissen, dass ich „göttlichen Geschlechts" bin und dass Gottes Sohn selbst Mensch wurde, liegt eine ungeheure Aufwertung des Menschen. Ich verdanke ihm alles, was in mir ist. Wenn ich diesem Gefühl in mir nachspüre, dann empfinde ich die Krone, die ich trage. Ich sehe diese Krone auch im anderen und ich schaue ihn mit Achtung an, gleich wer er oder sie ist.

Bei einer körpertherapeutischen Übung der Feldenkrais-Methode erlebte ich, wie viel Wert darauf gelegt wird, dass meine Körperhaltung aufrecht ist und ich mir vorstelle, eine Krone zu tragen. Die Therapeutin sagte wörtlich: „Gehen Sie mit diesem Bewusstsein – eine Krone auf Ihrem Haupt zu tragen – durch eine belebte Einkaufsstraße. Sie werden die Erfahrung machen, dass jedermann Sie sieht und auf geradem Weg weitergehen lässt, Ihnen also den Vortritt lässt."

Der aufrechte Gang ermöglicht Ihnen eine ganz andere, freiere Art zu gehen. Sie können tiefer atmen, die oft so gedrückten Schulterpartien können sich entspannen. Ihre Wirbelsäule ist entlastet, Sie bekommen Rückgrat. Ihre Seele wird frei. Sie werden merken, wie leicht es Ihnen fällt zu lächeln. Mit dem Aufrichten unseres Rückens spüren wir einen neuen Stolz, einen unendlichen Selbstwert, der uns mutig machen und unser ganzes Handeln beeinflussen wird. Nur gedrückte Menschen brauchen eine fremde Autorität, hinter der sie sich verstecken können, weil sie Angst haben. Doch wenn wir das Abbild Gottes einmal in uns entdeckt haben, werden wir angstfreier und fähig, für unser eigenes Leben zuständig zu sein. Die Kunst unseres Lebens besteht darin, dass wir Gottes Ebenbild in uns selbst und im anderen Menschen solange suchen, bis wir es gefunden haben.[8]

Wegfindungen

Ob du je zu deinem inneren Kern gelangst,
ist noch ungewiss.
Doch dies sind Zeichen auf dem Weg zu dir:
Vom Herzen her zu leben, mit deinen Gefühlen verbunden,
Gold und Königswürde in dir selbst zu spüren
in Einheit mit Himmel und Erde.
Als König oder Königin dann Ja zu sagen
zu dem Stern der Sterne,
der du verborgen längst schon bist.
Von Menschenfurcht und Meinung
mehr und mehr sich lösen,
von Menschen auch, die dich für sich benutzen,
solange du ihr Bild erfüllst.
Für Freunde da sein, die dir Freiraum sind
und Atemraum für Strom und Energie.
So wirst du aufrecht gehen,
Sinn und Weg zu finden, wo du den Glanz
des Wunderbaren hebst,
der in dir liegt, und Liebe lebst.

Peter Goes

Dieser Stern der Sterne zu sein, diese Königswürde in uns zu spüren, hängt also ganz mit unserer Bestimmung zusammen, Kinder Gottes zu sein. „I am a king's child" heißt es in einem Spiritual triumphierend und selbstbewusst. Es bedeutet nichts anderes, als in Gottes Augen vom ersten Atemzug an und auf immer Größe, Bedeutung und Würde zu haben. Wie kostbar wir Menschen in unserer Bestimmung vor Gott sind, hat Jesaja wunderbar ausgedrückt: „Weil du kostbar bist in meinen Augen, musst du auch herrlich sein, und ich habe dich lieb" (Jesaja 43,4). Als Vorgabe sind in mich Melodien und Bilder hineingelegt worden, die so nur in mir schlummern. Das Wichtigste, was ich im Leben lernen kann, ist, diesen Reichtum in mir zu finden, mein einmaliges Wesen zu erkennen und den Mut zu haben, es freizusetzen. Erst dann ist unser Herz ganz, unsere Seele weit, unser Denken stark, denn zu diesem Zweck sind wir gemacht und keine andere Aufgabe ist wesentlicher, als dieses herauszufinden.

Je tiefer wir uns selbst verstehen und wertschätzen, desto näher werden wir unserer göttlichen Bestimmung sein und desto mehr werden wir das Wesen eines anderen achten, ihn besser verstehen und ihn aus sich heraus gelten lassen. Was meine ich mit den Worten „mich selbst besser verstehen können"? Sie bedeuten: Alles an mir anschauen, alles, worauf ich stolz bin, was ich an mir liebe, und auch alles, was mir an mir missfällt, was ich nicht gut finde, was mir Schwierigkeiten bereitet. Es ist für die Gesundheit wichtig, dass ich die Schattenseiten meines Ichs nicht abspalte, auch nicht verstecke, sondern selbstbewusst dazu stehe, sie als Teil meines Selbst akzeptiere und mit ihnen umzugehen lerne.

Affirmationen zum Abbau negativer Gefühle und zur Förderung seelischer Gesundheit

1. Ich sage Ja zu mir, zu meiner Lebensgeschichte, zu meinem Charakter und söhne mich aus mit allem, was zu mir gehört, auch mit meiner Schattenseite. Ich kann nur ändern, was ich angenommen habe.
2. In mir habe ich einen Raum, der von Selbstbeschuldigung, von Enttäuschung, von Versagen, von Wut, Angst und Erwartungen frei ist, einen Raum, in welchem Stille ist, den auch kein anderer betreten kann, selbst der mir liebste Mensch nicht. Ich bin bei mir. (A. Grün)
3. Nur in Freiheit, ohne Erwartungen und Bedingungen, kann mein Herz Flügel bekommen.
4. Ich beende negative Programmierungen. Wie oft spreche ich nur Kritisches an, übersehe aber Gutes und Erfreuliches! Ich vermindere negative Selbstgespräche und grübelnde Gedanken.
5. Ich bin bereit, zu mir selbst zu stehen und glaube an meinen eigenen Wert. – Ich bin wichtig für mich und andere. – Ich liebe mich und liebe die Menschen. – Ich konzentriere mich auf meine wesentlichen Aufgaben. – Ich lebe begeistert und entzünde auch bei anderen das Feuer der Begeisterung.
6. Ich setze Prioritäten. Ich schaffe mir Aus-Zeiten und Zeiten für meine persönlichen Bedürfnisse. „Segne unser Tun und Lassen!"
7. Ich bin dankbar, dass ich bin.
8. „Ich danke Gott und freue mich, wie's Kind zur Weihnachtsgabe, dass ich bin, bin! Und dass ich dich, schön menschlich Antlitz habe." (Matthias Claudius)
9. Ich akzeptiere Schweres, weil ich daran wachsen kann

und weil es mich aus der Selbstverständlichkeit und Alltäglichkeit herausholt.

10. Ich erkenne, dass Dankbarkeit ein Mittel ist gegen Verbitterung und Depression. „Vergiss nicht, was er dir Gutes getan hat!" (Psalm 103)

11. Ich finde Gelassenheit, indem ich in Übereinstimmung mit mir lebe. Ich beende Zweifel und stärke mein Selbstvertrauen, indem ich mir sage: „Das, was ich brauche, finde ich genau da, wo ich gerade bin!"

12. Ich erkenne und fördere meine guten Seiten und bin bereit, auch die guten Seiten anderer anzuerkennen.

13. Ich fühle, dass meine Ruhelosigkeit zu Ende ist. Ich muss vor nichts Angst haben. Im richtigen Moment kommt das Richtige auf mich zu. – Ich bin nicht alleine, das gibt mir Sicherheit. – Ich bin geliebt!

14. Ich fühle mich wohl in meinem Körper. Ich nehme die Sonne mit allen Sinnen wahr. Ich bin ein liebenswerter Mensch.

15. Ich fühle mich dem Tag gewachsen und gehe meinen Weg in Treue zu mir. Ich komme mir jeden Tag ein Stück näher.

16. Gottes Nähe durchdringt jede Zeit und jeden Raum und ist stärker als alle Mächte der Finsternis. Er begleitet mich an jedem neuen Tag mit Engelskräften, die mich schützen und leiten.

17. „Gott ist mit mir am Abend und am Morgen und ganz gewiss an jedem neuen Tag." (D. Bonhoeffer)

Alle diese Gedanken und Vorstellungen geben mir große, starke Kräfte.
Jeder positive, emotionale Gedanke verwirklicht sich direkt im körperlichen Bereich in mir und fördert meine Gesundheit, lässt mich eins sein mit der Weisheit der Schöpfung.

„Ich habe meine Krankheit überwunden“ – ein persönliches Gespräch mit einer vom Krebs geheilten Patientin

Beim Kongress für Biologische Krebsabwehr, Heidelberg 1999, habe ich eine junge Frau kennen gelernt, die an Gebärmutterhalskrebs erkrankt war und gesund wurde. Ich kam mit ihr ins Gespräch und erzählte ihr von meiner seelsorgerlich-therapeutischen Arbeit im Krankenhaus. Sie berichtete mir von ihrer Krebserkrankung und deren Überwindung. Gern war sie bereit, die Essenz dessen, was bei ihrer Erkrankung für sie heilsam gewirkt hat, zusammenzufassen. Sie erklärte sich damit einverstanden, dass der Inhalt unserer Gespräche auszugsweise in meinem Buch wiedergegeben wird. Ich danke ihr sehr für diese Mitarbeit.

Inzwischen hat sie die Ausbildung zur Heilpraktikerin abgeschlossen und führt eine therapeutische Praxis mit Gesprächs- und Körpertherapie. Sie berichtete mir Folgendes:

- Im Alter von 26 Jahren wurde ich mit der Diagnose, Gebärmutterhalskrebs' konfrontiert. Die Entfernung der Gebärmutter wurde mir als einzige Überlebens- und Heilungsmöglichkeit dringend angeraten. Ich lehnte dieses entschieden ab. Lange Zeit suchte ich nach einem Arzt, der sich bereit erklärte, nur den Tumor zu entfernen, die Gebärmutter jedoch vollständig zu erhalten. Rückblickend erkenne ich, dass dieses Mitdenken und die Übernahme von eigener Verantwortung für mich selbst der erste Schritt zu meiner Heilung war. Alles was ich hier erzähle, war für mich ganz persönlich der einzig richtige Weg. Er lässt sich von Menschen, die in ähnlicher Lage sind, nicht einfach kopieren. Jeder einzelne Mensch hat seinen ganz eigenen Weg. Das Wissen und Fühlen einer göttlichen Gegenwart half mir, mich in meiner Krankheit nicht allein zu fühlen und gab mir Kraft und Vertrauen. In mir gab es keinen Zweifel, die Krankheit in den Griff zu bekommen. Das ‚Wie' war eher die Frage. Ich wählte eine alternative Medizin. Die Hoffnung und das Vertrauen in Gott haben mir geholfen, nicht zusammenzubrechen. Ich spürte ein Fundament, das mir Halt gab und fühlte eine langsam wachsende Treue zu mir selbst. Das half mir, die kommende Zeit zu meistern. Als es mir besser ging, fuhr ich für ein Jahr nach Indien.

Sie fragen nach dem geistigen und seelischen Prozess meiner Heilung. Ich führte viele Zwiegespräche mit Gott. Zwiegespräche, in denen ich Antwort bekam auf das, was in meinem Körper im Ungleichgewicht war. Stabilität gaben mir auch Gespräche mit mir vertrauten Personen, die im Glauben fest verankert waren. Ich bekam Impulse und Mut, meine Sichtweise zu verändern. Ich befasste ich mich mit meiner Sexualität und Liebesfähigkeit. Die Erkrankung am Gebärmutterhals bekam Bedeutung für mich. Bis zu meiner Erkrankung hatte ich ein gespaltenes Verhältnis zur Sexualität und fühlte mich weder liebenswert noch liebend. In Beziehungen blockierten mich immer wieder mir bekannte Verhaltensmuster, die verhinderten, dass ich mit meinem ganzen Körper lieben konnte. In therapeutischer Behandlung kamen wir auf Ereignisse in meiner Vergangenheit, die für mich sehr schlimm gewesen waren. Es gab für mich keinen anderen Ausweg, als all das Schlimme zu betrachten und dadurch verstehen zu können, weshalb mein Körper so heftig reagierte, wie er es jetzt mit dieser Krankheit getan hatte. Der Drang, liebenswert zu werden, ganz zu werden, lieben zu können, war größer als all meine Angst. Ich brauchte ja auch keine Angst zu haben, denn ich hatte einen Freund, der mich an der Hand hielt. Ich hatte Gott. Ich fühlte mich so behütet, dass ich die Kraft hatte, mir die Bilder aus der Vergangenheit nochmals anzusehen, um sie dann endlich loszulassen. Es war ein langsamer Abschied, der sich über ein Jahr hinzog. Ein Abschied vom alten Leben, das so destruktiv gewesen war, dass es mich nur krank gemacht hatte.

Ich war weggelaufen vor mir selbst, vor einem Teil von mir, der weinend um Beachtung und um Liebe rang. Lange stand ich unfähig vor diesem kleinen verletzten Kind in mir, vor diesem Teil meines Selbst, den ich abgespalten hatte. Nun endlich konnte ich ihm die Hand reichen. Diesem Kind war so viel Schmerz zugefügt worden, dass es sich vollständig zurückgezogen und die Entfaltung meiner Liebesfähigkeit blockiert hatte. Sie können es sich nicht vorstellen, welch ein Fest das war, als ich es zum ersten Mal in den Arm nehmen konnte. Endlich, das waren meine Worte, endlich angekommen!

Nach dieser Selbstfindung kam die psychische Aufarbeitung des erlittenen Missbrauchs in der Kindheit und die für mich immer klarer werdende Erkenntnis der Verknüpfung von Erlebtem und meiner Erkrankung. Genau da, wo der Muttermund ist, da wurde ich als Kind verletzt und genau dort hatte sich die Krankheit entwickelt. Dort durfte ich nicht leben, lieben, Frau sein! Ich möchte an dieser Stelle diejenigen, die Ähnliches erlebt haben, ermutigen, den Weg in die Vergangenheit zu wagen. Wenden Sie sich Gott zu, er wird Sie begleiten. Warten Sie nicht, bis Ihr Körper ins Ungleichgewicht gerät, bis er krank und zerstört ist. Lernen Sie auf die Botschaften Ihres Körpers zu hören und holen Sie sich Hilfe.

Durch die so plötzliche Konfrontation mit dem Tod und der Auseinandersetzung mit diesem, bekam ich eine ganz neue Sichtweise des Lebens. Ich ließ Gedankengänge zu, wie: Was wäre, wenn ich schon morgen sterben würde? Was wäre für mich persönlich noch ganz wichtig oder was wollte ich noch unbedingt in Ordnung bringen? Doch es gab in dieser Zeit auch sehr viele unerwartete, positive Erlebnisse, die mir Kraft und Freude schenkten. Das half mir, mich von Altem verabschieden zu können, mich von Verkrustungen meiner Seele, meines Geistes und meines leidenden Körpers zu befreien. Durch dieses Aufarbeiten meiner Lebensgeschichte, zusammen mit mir eng vertrauten

Menschen und Therapeuten, wurde ich immer freier und es begann ein neues Leben für mich. Ich wusste nicht, ob es mir vergönnt war, dieses neue Leben noch lange fortsetzen zu dürfen. Doch das Wichtigste für mich war, dass ich den Weg gefunden hatte, der die für mich einzige Möglichkeit gewesen war, Ordnung in meinen fehlgeleiteten Körper zu bringen, der so sehr aus dem Lot gekommen war.

Ich überlegte mir, was ich anderen empfehlen würde im Umgang mit eigener schwerer Erkrankung und deren Bewältigung:

- Suchen Sie eine Bezugsperson, mit der Sie über alles reden können. Meist ist diese nicht im engeren Familienkreis zu finden. Eventuell wäre das aber ein Therapeut, ein Seelsorger oder Pfarrer.

- Beginnen Sie mit Gott zu sprechen, zeigen Sie ihm Ihre innersten Empfindungen. Immer, wenn Sie zu sehr um die Krankheit kreisen, wenn Sie allein sind, Angst haben, dann geben Sie dies alles an Gott ab. Bitten Sie ihn um Hilfe und wenn Sie nicht wissen, wie Sie das tun können, dann fragen Sie einen Geistlichen. Geben Sie Ihre Ängste und Nöte in Gottes Hände und danach gehen Sie zu Ihrer ganz normalen Tagesordnung über, was auch immer Sie dann tun, ob lesen, einkaufen, abwaschen oder anderes.

- Schreiben Sie Ihre Empfindungen auf, Ihre Träume und Wünsche, Ihre Begegnungen mit Menschen. Führen Sie ein Tagebuch und schreiben Sie alles hinein, was Sie bewegt oder was Sie erledigen wollen. Schreiben Sie Zeiten auf, innerhalb derer Sie Unerledigtes getan haben wollen.

- Bauen Sie Spannungsfelder ab. Sprechen Sie mit den Menschen, zu denen Sie ein gespanntes Verhältnis haben. Machen Sie sich Luft, Sie können sonst nicht atmen und Sie haben diesen Atem nötiger denn je.

Unstimmigkeiten behindern das freie Fließen Ihrer Körperenergie und somit auch das Fließen von Heilenergie.

- Beginnen Sie, um sich herum einen „Raum von Frieden" aufzubauen, auch wenn das zunächst unrealistisch und schwierig erscheint. Bitten Sie Menschen, die Ihnen nicht gut tun, liebevoll um Abstand. Bauen Sie ein positives Feld auf.
- Gehen Sie viel spazieren, wenn möglich jeden Tag, vielleicht zusammen mit einem lieben Menschen. Natur ist heilsam.
- Gönnen Sie sich jede Woche ein- oder zweimal eine Entspannungstherapie: Massage, Autogenes Training, Wassertherapie.
- Hören Sie heilsame Musik. Gehen Sie in Konzerte. Mir halfen klassische Stücke, wie z.B. die Johannes-Passion von Bach.
- Lassen Sie Stück für Stück Gespräche mit Gott in Ihr Leben einziehen, vielleicht geben Sie diesen Gesprächen eine tägliche Uhrzeit.

All dies sind Handlungen, die Sie vielleicht schon längst tun wollten, doch entweder war keine Zeit dafür da oder es gab andere Gründe, weshalb sie unerledigt blieben, das kann auch Angst sein oder andere ungute Gefühle. Versuchen Sie, diese Blockaden wegzuräumen, denn sie mindern ständig und zunehmend Ihre Lebensenergie.

Freuen Sie sich über jeden einzelnen kleinen Schritt auf Ihrem neuen Weg zur Wiederherstellung Ihrer Gesundheit. Freuen Sie sich, wenn sie ihn mit Gott gemeinsam gehen können, wenn Sie sich nicht mehr alleine fühlen müssen. Es ist wie neu geschenktes Leben.[9]

„Geh du voran", sagt die Seele zum Körper,
„auf mich hört er nicht, vielleicht hört er auf dich."
„Ich werde krank werden, dann wird er Zeit für
dich haben!", sagt der Körper zur Seele.

2 Die Botschaft der Krankheit an die Seele

Grundlegende Einsichten

Die Erkenntnis wächst, dass körperliche Leiden und Krankheiten oft Indikatoren für seelische Zustände sind. Wichtig ist, die Botschaft des erkrankten Körpers an die Seele zu vernehmen und nach den Wurzeln des Krankseins zu fragen. Schon lange hat die naturärztliche Medizin Krankheiten nach ganzheitlichen Gesichtspunkten gesehen und behandelt. Danach hat man nicht einfach eine Krankheit, sondern man ist krank. So fragt der bioenergetische Ansatz von Alexander Lowen aufgrund der Muskelverspannungen nach Störungen des Energieflusses und versucht, emotionale Blockaden zu erkennen und biodynamisch mithilfe von Körpertherapien aufzubrechen. Gerda Boyesen entwickelte die Therapie, über den Körper die Seele zu heilen. Mithilfe bestimmter Massage-Anwendungen versucht sie, den Atem der Seele wieder strömen zu lassen und Körper und Seele von belastenden Gefühlen und ebenso von Muskelverspannungen zu befreien.[10]

Die Zahl der Patienten, die über die Ansätze der Schulmedizin hinaus nach Heilungsmethoden suchen, wächst immer mehr. Eine medizinische Therapie, die den Menschen als Ganzes sieht, bewegt sich keineswegs auf Neuland, sondern hat den biblischen Ansatz wieder entdeckt, dass der Mensch unteilbar als Einheit von Körper, Geist und Seele geschaffen ist. Krankheiten sind zumeist nicht Zufälle, sondern Wegweiser für etwas, was dem Ganzen zum „whole“ fehlt. Das englische Wort „whole“ steht für Ganzheit und stammt aus derselben Sprachwurzel wie das deutsche Wort „Heil“. Wenn Krankheitsbilder als Wegweiser angesehen werden, ist es unabdingbar, dass nicht allein ein erkranktes Organ behandelt wird, sondern der Mensch in seiner Ganzheit. Hinter dem Krankheitssymptom steht eine Botschaft aus dem seelischen Bereich, die – sollte sie überhört werden – sich wieder und wieder melden wird. Eine vorschnelle Entfernung des „Erfolgsorgans“ überhört diese Botschaft und nimmt somit die Chance zu verstehen, was die Krankheit sagen will bzw. was geändert werden sollte in der Lebenseinstellung des Patienten.

Ein ehemaliger Arzt der Medizinischen Universitätsklinik Zürich, Dr. Fritz Meerwein, schilderte folgenden Fall: Ein Siebzehnjähriger erkrankt an einer akuten Colitis ulcerosa. Das ist eine diffuse, kontinuierliche Entzündung der Dickdarmschleimhaut, für deren Entstehen – laut medizinischem Wörterbuch „Pschyrembel“ – unter anderem psychosomatische Faktoren, familiäre Dispositionen und Autoimmunmechanismen angenommen werden. In diesem Falle wird die Erkrankung auf den Genuss von eventuell verdorbenem Fleisch zurückgeführt, so die Aussage des Patienten. Er wird mit Cortison behandelt. Nach einiger Zeit treten bei ihm ängstliche Erregungszustände auf, die – ohne weiteres ärztliches Gespräch – als Cortisonpsychose gedeutet werden. Später bildet sich eine Analfistel mit mehreren Verzweigungen, die nicht abheilt und deshalb mehrmals chirurgisch versorgt wird. Ein ärztliches Gespräch findet nicht statt. Drei Jahre später muss dann wegen eines erneuten Krankheitsschubes ein Anus praeter naturalis angelegt werden. Doch auch an dieser Stelle bildet sich in der Folge ebenfalls eine Fistel, die erneute Eingriffe notwendig macht. Dann tritt Besserung ein, der junge Mann kann nach einiger Zeit seinen Beruf wieder aufnehmen. Bereits nach wenigen Monaten treten schwere ängstliche Verstimmungen auf, die nun – nach Entfernung des „Erfolgsorgans" – endlich zu einem ausführlichen ärztlichen Gespräch führen und eine schwere familienneurotische Situation aufdecken, in der unser Patient das schwächste Glied ist. Die Situation ist bereits schon so verzweifelt, dass der Patient Suizid begeht und sich unter eine Lokomotive wirft.

Laut Prof. Dr. Meerwein zeigten die Recherchen über diesen tragischen Fall, dass sich mit hoher Wahrscheinlichkeit andere Wege der Konfliktbewältigung ergeben hätten, wenn vor dem ersten chirurgischen Eingriff ein ausführliches ärztliches Gespräch stattgefunden hätte und die Somatisierung der psychischen Problematik auf das Organ erkannt worden wäre. In jedem Falle wäre es für den Patienten wichtig gewesen, dass der Zusammenhang zwischen körperlicher Erkrankung und seelischer Befindlichkeit festgestellt worden wäre. So hätte dem jungen Mann parallel zur rein medizinischen Hilfe eine psychosoziale und psychotherapeutische oder seelsorgerliche Hilfe gegeben werden können.

Die Wichtigkeit, solche Zusammenhänge somatischer Erkrankungen mit psychisch bedingtem Hintergrund zu erkennen, fasst Dr. Meerwein eindrucksvoll zusammen: „Der psychosomatische Patient ist nur soweit ein Patient, als es ihm mithilfe eines Arztes möglich wird, sich als solcher zu erkennen und dann in der schrittweisen Aufgabe seiner Abwehr das Abgewehrte zu erspüren und damit auch den „Sinn" seines Krankseins zu erfahren."[11]

Am Beispiel des 17-jährigen Jugendlichen wird deutlich, wie eine Krankheit Ausdruck sein kann für ungelöste Konflikte eines Menschen. Möglicherweise besteht ein Problem darin, dass ich von niemandem besonders wahrgenommen und beachtet werde. Bin ich krank, bekomme ich dagegen Zuwendung und damit einen zusätzlichen Krankheitsgewinn. Vielleicht wächst mir meine Arbeit über den Kopf, vielleicht muss ich zu viel Verantwortung tragen. In der Krankheit darf ich wieder klein und hilflos sein. Wenn ich mir im Alltag keine Pausen gönne und rastlos tätig bin, dann gibt mir die Krankheit endlich die Erlaubnis, ausspannen zu dürfen. Wir alle kennen aus der Kindheit Zeiten von Krankheit, in denen wir plötzlich Mittelpunkt der Familie waren, besondere Wünsche äußern durften, Zeit und Zuwendung bekamen, nicht zur Schule mussten und auch sonst von allen lästigen Pflichten befreit waren. So liegt der Sekundärgewinn einer Krankheit oftmals ziemlich klar auf der Hand und es ist möglicherweise leicht zu erkennen, dass der Kranke nicht nur unschuldiges Opfer der Unvollkommenheiten der Natur ist, sondern dass er seinen eigenen Beitrag zur Krankheit leistet oder geleistet hat. Besonders extrem wirkt sich das bei Krankheiten aus, welche die Folgen einer schädlichen Sucht sind, wie z.B. Leberzirrhose durch Alkoholismus, Lungenkrebs durch Nikotinmissbrauch, Nervenerkrankungen und Psychosen durch Drogenmissbrauch. Hierbei leuchtet es jedem ein, dass der Mensch nicht nur Opfer, sondern auch mitverantwortlicher Täter ist.

Auch bei den gesundheitlichen Störungen, die heute besonders häufig bei Jugendlichen und jungen Frauen auftreten, z.B. Bulimie oder Magersucht, ist die seelische Ursache oft deutlich erkennbar. Was hat man satt und stopft es in sich hinein, um es dann doch wieder auszuspucken?! Warum zwingt eine junge Frau durch Essensverweigerung ihren Körper dazu, kindlich zu bleiben und nicht erwachsen zu werden, weshalb verweigert sie die Erwachsenenrolle und kann ihr Frau-Sein nicht annehmen?

Aber auch viele andere Krankheiten, bei denen die seelischen Ursachen nicht offen zutage liegen, haben dennoch häufig einen seelischen Hintergrund. Oft jedoch wird völlig abgewehrt, dass die Krankheit etwas mit der Person selbst zu tun hat und einen seelischen Konflikt somatisiert. Dies drückt sich auch in der Wortwahl aus. Da fallen

Sätze wie: „Mein Magen streikt." – „Der Kreislauf funktioniert nicht so wie er sollte." – „Die Nerven haben versagt" – „Die Pumpe macht nicht mehr richtig mit." Es hört sich an, wie wenn allein die entsprechenden Körperteile betroffen wären. Der Kranke selbst vermittelt oft den Eindruck, dass er das Kranksein bewusst aus seinem Leben ausblenden möchte. Er spricht von: „Vor ein paar Tagen war alles in Ordnung" und schlägt sofort einen Bogen zu „Wenn ich wieder gesund bin", in seiner Schilderung gibt es weder Vorzeichen oder eine leise Ankündigung der Krankheit, noch kann er die Krankheit als Weg sehen, der lebensgeschichtlich gesehen jetzt gerade seine Berechtigung hat. Die Krankheitszeit wird gedanklich regelrecht übersprungen. Sie ist etwas, worüber man hinwegkommen muss, nicht etwas, durch das man hindurch muss.

Bei Krankenbesuchen erlebe ich dies oft so deutlich, dass es fast wie eine weitere Krankheit erscheint, nicht krank sein zu dürfen. Auf die Frage „Was fehlt ihnen?" antwortet der Patient meist mit dem, was er hat, nicht mit dem, was ihm fehlt: „Ich habe Schmerzen."

Einem Patienten fehlt immer etwas. Würde ihm nichts fehlen, wäre er ja heil. Das Fehlende zeigt sich in einem bestimmten Krankheitssymptom, wie Magenschmerzen, Bluthochdruck, Migräne u.a. Das ganze Bewusstsein konzentriert sich nun auf das Symptom. Habe ich erst einmal den Unterschied zwischen Krankheit und Symptom begriffen, so ändert sich meine Grundhaltung und mein Umgang mit der Krankheit. Nun ist nicht mehr das Symptom mein größter Feind, ich entdecke im Gegenteil in ihm einen Fingerzeig, der mir helfen kann, das Fehlende zu finden und somit meine Krankheit im Ansatz zu überwinden. Das Symptom wird zu einer Art „innerem Arzt", der mir hilft beim bewussten Anschauen meiner derzeitigen Lebenssituation, bei meiner Persönlichkeitsentwicklung, bei der Möglichkeit, meine Konflikte zu überwinden. Dieser Arzt zeigt sich unter Umständen von einer strengen und harten Seite, wenn wir das Gesetz unserer Identität – im Einklang von Körper, Geist und Seele zu sein – missachtet haben. So gesehen, kennt Krankheit nur ein Ziel, nämlich uns „heil" („whole") werden zu lassen. Das Symptom sagt uns, was uns auf dem Wege dorthin noch fehlt. Wenn wir seine Sprache verstehen und beachten, kann es uns zur Hilfe werden.[12]

Ich besuchte Frau S., eine junge Frau, die unter lebensbedrohlich hohem Blutdruck litt. Im Verlauf des Gesprächs stellte sich heraus, dass sie nach zwei Scheidungen nun mit einem dritten Mann verheiratet war, der sie unterdrückte und tyrannisierte. Aus allen drei Ehen stammte jeweils ein Kind. Die Gesamtsituation war bedrückend: Die junge Frau fühlte sich gezwungen, jedem in der Familie entsprechen zu müssen, was aber unerfüllbar war. Die Einsicht, dass auch diese dritte Ehe völlig danebenging, und das Bewusstsein, dass eine Lösung des Konfliktes wahrscheinlich wiederum nur durch eine Trennung möglich sein wird, durfte nach dieser Vorgeschichte einfach nicht sein und wurde deshalb ins Somatische verdrängt. Nun zeigte sich die ganze Enge, der ganze Druck im lebensgefährlichen Bluthochdruck. Die Behandlung mit blutdrucksenkenden Mitteln war als allererste Hilfe sicherlich wichtig. Doch um an die Wurzel der Krankheit zu stoßen, bedurfte es einer Möglichkeit, diesen innerseelischen Konflikt zu erkennen und zu bearbeiten.

Ob Hilfe in einer Einzelanalyse, einer Gruppentherapie, einer Selbsthilfegruppe oder einem seelsorgerlichen Gespräch gefunden wird, muss jeder im Einzelfall für sich entscheiden. Wichtig ist, dass eine Gesprächsmöglichkeit gegeben ist, in der offen und vertrauensvoll die Konflikte angeschaut, bearbeitet und benannt werden können.

Schauen wir uns doch den Ausdruck „Ich bin sauer“ einmal genau an: Auf der psychischen Ebene spüre ich Ärger und Wut, vielleicht auch Enttäuschung. Ich bin mit Verspätung zu einem Treffpunkt gekommen und die Gruppe hat nicht auf mich gewartet. Enttäuschung macht sich in mir breit, ich bin sauer: „Die sind einfach weggefahren, ohne auf mich zu warten!“ Was spielt sich da auf der physischen und psychischen Ebene ab? Der Magen hat primär die Funktion des Aufnehmens. Aufnehmen können setzt geöffnet sein voraus. Das gilt sowohl für Nahrung als auch für Gefühle. Der Ärger, den ich in mir spüre bei der Aussage „ich bin sauer“, kann tatsächlich zu einer Überproduktion von Magensäure führen. Diese Säure greift Speiseröhre und Magen an und wirkt aggressiv. Möglicherweise fehlt dem Magenkranken die Fähigkeit, mit Ärger und Aggressionen bewusst umzugehen und Konflikte und Probleme konstruktiv zu lösen. Vielleicht äußert er seine Aggressionen überhaupt nicht (er frisst alles in sich hinein) oder er zeigt übertriebene Aggressivität und Abwehr. Immer wieder begegne ich Patienten, die sich unbewusst in ihre scheinbar konfliktfreie Kindheit zurück sehnen, die Probleme nach außen hin von sich weisen und die Verarbeitung der negativen Gefühle ihrem Magen überlassen. Dies kann zum Magengeschwür oder einer anderen Form der Magenerkrankung führen; anstelle des Einsatzes von gesunder Aggression, übernimmt der Magen das aggressive Reagieren und frisst sich selbst auf (Magendurchbruch) oder lässt nichts mehr hinein (Magenverschluss).

Wenn die Symptome früh genug erkannt und wahrgenommen werden, sind sie wie Wegweiser, welche eine tatsächliche Erkrankung verhindern können. So können die Probleme mental angegangen werden, bevor sie „in den Magen rutschen“.

Die Haut ist das Basisorgan aller Wahrnehmungen. Sie bedeckt die ganze Oberfläche des Körpers und dient dem physikalischen, chemischen und immunologischen Schutz, der Wärmeregulation und der Aufnahme von Sinnesreizen. Für alle sichtbar reagiert sie auf seelische Einflüsse. Die Haut ist der Spiegel meiner Seele. Aus gutem Grund ist unsere Sprache voller Andeutungen über dieses aussagekräftige, flächenmäßig größte Organ des Menschen. Wenn mich etwas bewegt, positiv oder negativ anrührt, erröte ich. Genauso kann ich vor Schreck erblassen, vor Aufregung schwitzen, vor Verlegenheit juckt meine Haut und vor Unbehagen bekomme ich eine Gänsehaut. Was mich stark bewegt, geht mir unter die Haut. Das kann mit starken Wärme- oder Kälteempfindungen verbunden sein. Bei besonderen Erschütterungen läuft es einem kalt den Rücken herunter.

Meine Haut ist das Kontaktorgan, durch das ich direkt mit der Außenwelt in Berührung komme. Bereits bei einer Begrüßung drücke ich durch den Händedruck etwas aus. Es findet ein Austausch von Sympathie und Antipathie statt, von Nähe und Distanz, und das allein schon durch die Berührung der Haut. Ist die Hand kalt oder warm, ist sie trocken, glatt oder rau, weich oder hart? Wie viel Handfläche gebe ich dem anderen? Wie viel gibt der andere mir? Meine Haut kann blühend aussehen und damit einladend und anziehend sein, genauso kann sie durch ihr Aussehen aber auch sehr viel Distanz schaffen. Eine Hautkrankheit oder auch der Eigengeruch der Haut können abstoßend wirken.

Nicht umsonst gilt die Haut als ein Tastorgan mit hohem Spürsinn. Sie ist durchsetzt mit einer Vielzahl von feinnervigen Sensoren, die bewusst oder unbewusst eine unzählige Menge an Außenreizen aufnehmen können. Dazu gehören Schmerz, Kälte, Wärme, aber auch alle Formen von Berührungen. Zarte, warme Berührungen führen zur Durchblutung der Haut, können den Wunsch nach noch mehr Nähe hervorrufen und erotische oder sexuelle Gefühle wecken. So ist auch der Kuss ein sehr intensiver Hautkontakt, der persönliche Gefühle von Mensch zu Mensch vermittelt.

Die Haut kann aber auch ausdrücken: Bleib weg! Komm mir nicht zu nah! Es kann möglich sein, dass im Bewusstsein der starke Wunsch nach Nähe, auch nach körperlicher Nähe vorhanden ist, dass aber unbewusste Berührungsängste da sind, die ihre eigenen Signale aussenden. Es entwickeln sich Pickel, der Herpes-Virus wird aktiv, es zeigt sich ein Ausschlag oder die Haut reagiert mit Neurodermitis. Das Wort Neurodermitis setzt sich zusammen aus „Neuron" (Nervenzelle) und „Derma" (Haut). Der Name signalisiert den Zusammenhang von Haut und Nerven. Die seelischen Reaktionen lassen sich nicht willentlich unterdrücken.

Bei beruflich bedingten Kontaktallergien lohnt es sich, einmal zu hinterfragen, wie ich zu meiner Berufstätigkeit stehe, wie wohl ich mich an meinem Arbeitsplatz fühle, ob ich die Arbeit gern verrichte. Denn abgesehen von einer chemischen Belastung spielt es auch eine Rolle, mit welcher Einstellung ich meinen Beruf ausübe.

In jedem Fall spricht meine Haut zu mir, sagt mir auch etwa, dass sie zu starke Sonnenbestrahlung, eine bestimmte Medikamenteneinnahme, zu wenig Schlaf oder falsche Ernährung nicht schätzt und dann mit Ausschlag oder blassem Aussehen auf mein Fehlverhalten antwortet. Ich muss die Sprache meiner Haut verstehen wollen. Auch in der Pflege muss ich das richtige Maß finden zwischen Sorge und Sorglosigkeit um meine Haut. So gibt es ein zu wenig, aber auch ein zu viel. Wenn durch ein zu viel an Waschen und Cremen der Fett- und Säuremantel meiner Haut verletzt sind, kann sie mich nicht mehr schützen gegen Bakterien oder Pilze.

Auffallend ist, dass Jugendliche in der Pubertät oft von einer starken Akne befallen sind. In einer Zeit von Identitätssuche drücken sich seelische Umbrüche und körperliche Veränderungen auch auf der Haut aus. Oft schlägt sich dies auch in anderen schwierigen Lebensphasen im Erscheinungsbild von Haut und Haaren nieder.

Ich kannte eine Studentin, die es mühsam, aber zuletzt doch erfolgreich gelernt hat, das erneute Auftauchen ihrer Hautallergie mit der jeweiligen Lebenssituation in Verbindung zu bringen. Die Ursachen waren meistens entweder beruflich oder beziehungsmäßig bedingt oder hingen von bestimmten Umwelteinflüssen ab. So wirkte in einem Fall eine feuchte Wohnung allergieauslösend, ein anderes Mal waren es Konflikte am Arbeitsplatz. Auch als Schwierigkeiten in der Partnerschaft bestanden, konnte sie ihre Gefühle von Abwehr und Unverstandensein am Erscheinungsbild ihrer Haut leidvoll ablesen. Neben zusätzlicher kosmetischer Behandlung half ihr das mutige Betrachten ihrer Lebenssituation – indem nun die eigenen Bedürfnisse und Gefühle nicht mehr verdrängt wurden – dass sich die Allergie immer seltener zeigte und zuletzt gar nicht mehr auftrat.

Natürlich sind auch positive Gefühle auf der Haut abzulesen. Glückliche, zufriedene Menschen sind schön von innen heraus. Die Schönheit eines in sich stimmigen und heilen Menschen oder zweier Menschen, die durch gegenseitige Liebe zu Gleichklang und Eigenbewegung gefunden haben, gleicht einem durch den hellen Abendhimmel ziehenden Kometen, den eine Ahnung von Sinn und Ziel zum Aufblitzen bringt.[13]

Die Symptomsprache des Herzens

Ganz besonders bei der Symptomsprache des Herzens wird ein Zusammenhang von Lebens- und Krankheitsgeschichte erkennbar, so wie im folgenden Gespräch, das ich mit einer älteren Patientin führte:

Das einschneidende Ereignis lag bereits 23 Jahre zurück. Damals verunglückte die jüngere von zwei Töchtern, die gerade ein Jahr verheiratet und im dritten Monat schwanger war, auf einer Autofahrt tödlich. Der Schwiegersohn, der das Auto gesteuert hatte und unverletzt geblieben war, brach kurze Zeit darauf alle Kontakte zur Familie seiner verstorbenen Frau ab. Wo bis dahin Freude über das Glück des jungen Paares gewesen war und frohe Erwartung auf die Ankunft des ersten Enkelkindes den Alltag bestimmt hatte, waren mit einem Schlag Verlust, Trauer und Schmerz eingetreten. Vorsichtige Versuche, mit Nahestehenden darüber zu sprechen, schlugen fehl, sodass der ganze Schmerz der Familie innerlich vergraben wurde und ein großes Schweigen eintrat. Das Gefühl, von niemandem in der Tiefe des Schmerzes verstanden werden zu können, führte zum Abbruch fast aller privater Kontakte.

Fünf Jahre nach dem Autounfall zeigten sich beim Ehemann der Patientin die ersten Krankheitssymptome: Die Blutgefäße des Herzens verengten sich, machten gleichsam „dicht", sodass in zeitlichen Abständen verschiedene Bypass-Operationen notwendig wurden.

Zum Schmerz über den Verlust der jüngeren Tochter kam nun für die Patientin auch die Sorge um das Leben des Mannes und die Übernahme seiner Pflege, die eine totale Überforderung war, was sie sich aber nicht eingestehen wollte und somit auch nicht nach Hilfskräften suchte. Ein Oberschenkelhalsbruch „erlöste" sie aus diesem Dilemma. Auffallend war, dass auch die Eheleute untereinander nie mehr vom Tod der Tochter und dem Verlust des erwarteten Enkelkindes sprachen. Alle Feste im Jahreskreis, die früher freudigen und feierlichen Charakter hatten, waren zu fast nicht erträglichen Leidenstagen geworden, die sie am liebsten aus dem Kalender gestrichen hätten. Die Unfähigkeit, sich jemandem mitzuteilen, führte in letzter Konsequenz auch bei der Patientin zu einer Schädigung der Aorta, der Hauptzufuhrleitung des Blutes zum Herzen, entstanden durch nicht behandelten, extrem hohen Blutdruck. An zwei Stellen hatte sich die Aorta-Wand dermaßen gedehnt, dass sie zu platzen drohte, was ein innerliches Verbluten zur Folge gehabt hätte. Durch eine erste Operation war nun diese Lebensbedrohung abgewandt.

Die lange Regenerationsphase, in deren Verlauf zu Anfang selbst das Halten des eigenen Kopfes und das Formulieren eines einzigen geflüsterten Wortes höchste Anstrengung bedeuteten, brachten die Patientin dem Ausgangspunkt ihres Leidens wieder nahe. Nach vielem In-sich-Hineinspüren war es ihr irgendwann möglich geworden, vom Tode ihrer Tochter zu erzählen. Bei drei vorangegangenen Besuchen hatte sie nur geweint und meine Hand festgehalten. Endlich war Sprechen und damit Er-lösung möglich. Die Krankheit dieser Patientin war so eng mit ihrer Lebensgeschichte verbunden und in ihr begründet, dass die Zusammenhänge zwischen seelischem Druck, verdrängter Schuld und organischem Leiden offensichtlich auf der Hand lagen. Die Unmöglichkeit, über einen Zeitraum von mehr als 20 Jahren den psychischen Druck vermeintlich alleine aushalten zu müssen, hatte so beinahe zu einem „gebrochenen Herzen“ geführt.

Die Symptomsprache des Bewegungsapparates

Ein weiterer erschütternder Fall ist mir bekannt, bei dem Sprachlosigkeit eine andere körperliche Ausdrucksform suchte und fand, was zu einer langjährigen Lähmung der Beine führte. Betroffen war eine junge Frau, die als Gemeindehelferin tätig war. Aus nicht geklärter Ursache traten bei ihr Lähmungserscheinungen auf, die ein Gehen unmöglich machten. Viele medizinische Untersuchungen konnten keine Ursache zu Tage bringen. Auch neurologische Beobachtungen und entsprechende Behandlungsweisen führten zu keinem Heilungserfolg. Erst ein psychosomatisch behandelnder Arzt kam durch empathische Gespräche zur Wurzel der Krankheit und damit des nicht Heilseins in der Lebensgeschichte der jungen Frau. Viel Mut und Ehrlichkeit sich selbst gegenüber waren nötig, das eigene Leben unter Verzicht auf die übliche Abwehr- und Verdrängungsmechanismen anzuschauen. In unzähligen Gesprächen ist es in Zusammenarbeit zwischen dem behandelnden Arzt und der Patientin gelungen, das „Lähmende" in ihrer Lebensgeschichte zu entdecken, aufzuarbeiten und so ein Wiederaufstehen und Weitergehen möglich zu machen. Nach vielen Monaten konnte die junge Frau tatsächlich alleine und ohne jede fremde Hilfe wieder gehen.

Biblische Heilungsansätze

Nach all diesen Fall-Beispielen aus unserer Zeit ist der folgende biblische Bericht einer Krankenheilung leichter zu verstehen:

Ein Gelähmter wird auf einer Trage liegend von seinen Freunden durch ein geöffnetes Dach an Seilen heruntergelassen, sodass diese im Haus direkt vor Jesus zu stehen kommt. Jesus lässt sich in seiner Rede stören, sieht sich den Gelähmten und seine Freunde an und es fällt ihm auf, mit welchem glaubenden Vertrauen sie an ihn herantreten. Er schaut den Gelähmten an. Alle Umstehenden sind voller Erwartung, dass Jesus nun sein körperliches Gebrechen heilen wird. Stattdessen verblüfft er die Umstehenden und auch den Gelähmten selbst nicht wenig, indem er zu diesem sagt: „Deine Sünden sind dir vergeben!" (Markus 2,1-12).

So, wie die herzkranke Frau von einer seelischen Last befreit werden musste, war hier der Gelähmte durch Jesu Worte von seiner lebensgeschichtlichen Last loszusprechen und zu befreien, um auch körperlich gelöst und frei zu werden von seiner Krankheit.

Die Konsequenz von Jesu Freisprechungsworten zeigt sich dann, als er weiter sagt: „Steh auf, nimm dein Bett und geh!“ Der bis dahin Gelähmte steht auf, nimmt seine Trage und ist fähig zu gehen. Er hat sein Leben wieder selbst in die Hand genommen, ist nicht mehr gefesselt von Lebensschuld und lähmender Bedrückung.

An anderer Stelle in den Liedgesängen des Psalters bekennt sich ein Geheilter ebenfalls zu dem Zusammenhang zwischen Aussprechenkönnen einer bedrückenden Last und einer damit einhergehenden Heilung: „Da ich's verschweigen wollte, verschmachteten meine Gebeine.“ (Psalm 32,3). Erst nach seiner Heilung war ihm klar geworden, was ihn krank gemacht hatte: das Verschweigen und Nichtaussprechen von Erlebtem, Schwerem, Verschuldeten, Bedrückendem. Schweigen und Verschweigen bedeutet, sich abschließen, zumachen vor jedem anderen Menschen, auch vor Gott. Es bedeutet gleichzeitig Nichtannehmen-Wollen von Zuwendung, Verstehen, Teilnahme und Hilfe. Dieses schuldhafte Schweigen ist nicht zu verwechseln mit einem Schweigen, das In-sich-Hineinhören bedeutet, das dem Menschen hilft, sich wieder selbst zu spüren und sogar im Gegenteil notwendig und heilsam ist, weil nur so die innerste Verbindung eines Menschen zu sich selbst und weiterführend zu Gott immer wieder gefunden werden kann.

Therapeutische Wege

Mir ist es wichtig, mit allem Gesagten deutlich zu machen, wie seelisches Missbehagen und körperliches Leiden miteinander verbunden sind. Es ist notwendig, aber auch durchaus möglich, auf die Stimme des eigenen Körpers zu hören. Wenn wir Verstimmungen gleich im Entstehen wahrnehmen, uns trauen, damit umzugehen und darüber zu sprechen, dann ist das bereits eine Prävention von Krankheit. Unterdrückte Gefühle rächen sich auch körperlich. Wenn wir es uns zum Beispiel untersagen, Tränen fließen zu lassen und somit ablehnen, unseren Kummer zu zeigen, verweigern wir uns dem Trost, den unser Körper für uns vorgesehen hat. Weinen erleichtert. Es signalisiert, dass wir Unterstützung und Trost brauchen.

Eine ganz natürliche Methode zur Lösung von Spannungen sind Tagträume, die uns erlauben, abzuschalten, wann immer wir es bedürfen. Erlauben Sie sich, in glückliche Erinnerungen einzutauchen, wobei es nicht wichtig ist, worin diese Erinnerungen bestehen, wenn sie nur positiv sind. Nehmen wir an, Sie erinnern sich an eine Szene am Strand: Versuchen Sie, die Wärme der Sonne auf ihrem Gesicht zu spüren, einem sanften Wind zu gestatten, in Ihren Haaren zu spielen, das Geräusch der sich überschlagenden Wellen und die Schreie der Möwen zu hören. Sie riechen die salzige Luft, den unvergleichlichen Geruch des Meeres und vielleicht auch den dezenten Duft Ihres Lieblings-Sonnenöls. Wenn Sie wollen, können Sie in ihrem Tagtraum jemanden mit einbeziehen, den Sie lieben.

Die Beschäftigung mit solchen liebevollen, angenehmen Erinnerungen machen Ihren Kopf frei. Belastende Gedanken werden gestoppt. Der kreisende, durch Sorgen entstandene Druck lässt nach. Dies hat in sich schon eine aufbauende und positive Wirkung.

Ebenso heilsam ist ein Zurückgehen zu unseren elementaren Quellen, die in der Natur, in der Schöpfung, letztendlich in Gott liegen. „Unruhig ist unser Herz, bis es Ruhe findet in dir, o Gott!“ (Augustinus)

Anselm Grün spricht vom Baum, in dessen Schatten wir ausruhen können, ohne von unserem eigenen Schatten geängstigt zu werden: „Wir brauchen Gott, in dessen Schutz wir geborgen sind, in dessen Liebe wir erahnen dürfen, dass wir bedingungslos angenommen sind, dass alles in uns sein darf, auch die Unruhe, auch die quälenden Sorgen und Ängste. Weil wir vor Gott alles zeigen dürfen, was in uns ist, kann in seiner Nähe die tödliche Flucht vor uns selbst aufhören. So können wir uns im Schatten seines Baumes niederlassen und die wahre Ruhe finden, nach der wir uns alle so sehr sehnen."[14]

Damit ist gesagt, dass die Möglichkeiten der Aktivierung unserer Selbstheilungskräfte, so wie üblicherweise in vielen Zeitschriften-Artikeln beschrieben, ihre Grenzen haben. Wir können unserem eigenen Schatten nicht davonlaufen, wir können unsere Schuldgefühle nicht selbst entkräften, wir können unsere Ängste im Letzten nicht wegwischen. Wir müssen erkennen, dass wir vieles nicht selbst machen können, trotz bestem Willen und minutiöser Anleitungen. Doch wenn wir den Weg zu den Quellen gehen, aus denen die Seele Nahrung erhält, einen Weg, der auch unbequem sein kann oder höchst anspruchsvoll ist, so führt dieser über die eigene Begrenzung hinaus und letztlich von mir und meinen Sorgen weg zu Gott. Wir selbst können unser unruhiges Herz nicht beruhigen, aber wir können Empfangende werden und uns von der tragenden Kraft beschenken und berühren lassen, von der Gerhard Tersteegen in einem Lied sagt: *Du durchdringest alles; lass dein schönstes Lichte, Herr, berühren mein Gesichte. Wie die zarten Blumen willig sich entfalten und der Sonne stille halten, lass mich so still und froh deine Strahlen fassen und dich wirken lassen.*

Nicht was wir bekommen, sondern was wir geben, verändert uns. Nichts ist so wichtig und wertvoll für uns, als unser Herz zu verändern. (U. Schaffer)

3 Unser Herz – Pulsschlag des Lebens

Bei meinen Krankenbesuchen in der Kardiologischen Klinik ist mir in den unterschiedlichsten Gesprächen klar geworden, dass Herzerkrankungen und Lebensgeschichte in besonderer Weise miteinander verflochten sind. Das Herz reagiert wie ein Seismograph und spiegelt wie kein anderes Organ seelische Beeinträchtigungen wider. Das brachte mich dazu, der Frage nachzugehen: Was ist das Herz überhaupt? Es muss mehr sein als ein simples Pumpwerk, wie es oft salopp genannt wird. Schon rein physiologisch betrachtet, ist diese „Pumpe" etwas ganz Außergewöhnliches. Es lohnt sich, einige Details vergleichend anzuschauen. Faszinierend ist für mich der Vergleich, den der Zürcher Kardiologe Prof. Dr. med. Gion Condrau in seinem Buch „Das verletzte Herz" hergestellt hat. Er spricht vom Herzen als einem Pumpwerk, das täglich den Inhalt eines Öltanks für ein Einfamilienwohnhaus, genauer gesagt 7.200 Liter, umsetzt und das Tag für Tag bis zum Lebensende, ohne Wartung und „Schmierung" beweglicher Teile. Ein Beispiel: Wem ist schon klar, dass dieses menschliche Organ in seinem Aufbau einem einfachen Zweitaktmotor entspricht, der nach dem Prinzip von Ansaugen und Ausstoßen bereits im embryonalen Entwicklungszustand seine volle Funktion übernimmt?

Stellen sie sich nur einmal vor, es würde ein Personenwagen erfunden werden, der nach dem gleichen Muster arbeitete. Ein solcher hätte die Fähigkeit, nicht nur während einer Garantiezeit von 10.000 gefahrenen Kilometern, sondern ein Leben lang ohne Reparatur zu funktionieren und sich währenddessen sogar allen veränderten Bedürfnissen bezüglich einer wachsenden und später wieder kleiner werdenden Familie anzupassen. Jeder wird sagen: Ein solches technisches Gefährt gibt es nicht und wird es auch nie geben. Doch beim Herzen ist es tatsächlich so: In sehr verkleinertem Maßstab arbeitet es bereits im Mutterleib Tag und Nacht, unaufhörlich, wächst während der Zeit des größer Werdens vom Kind zum Erwachsenen um ein Beträchtliches, vergrößert die Leistungsfähigkeit entsprechend und geht leistungsmäßig im Alter wieder zurück.

Das Herz ist ein fein ausgeklügeltes System: Es ist *300–500 g* schwer, schlägt *60–80 Mal* in der Minute, rund *4.000 Mal* in der Stunde und bis zu *3 Milliarden Mal* in einem Menschenleben von 70 Jahren. Es zieht sich zusammen und dehnt sich aus. Bei jeder dieser Kontraktionen pumpt es Blut in die Adern und hält dadurch den Kreislauf in Gang. Es ist eng mit der Atmung verbunden und so gelangt das mit Sauerstoff angereicherte Blut bis in die letzten Winkel unseres Körpers. Hört das Herz zu schlagen auf, dann können Kreislauf und Stoffwechsel nicht mehr funktionieren. So wird deutlich, dass das Leben tatsächlich vom Herzen gesteuert ist und ganz von seiner Funktionsfähigkeit abhängt.

Es ist somit ein ganz zentrales Organ, denn auch das Gehirn könnte nicht seine Aufgabe erfüllen, würde es nicht ständig mit Blut versorgt werden. In diesem Sinne ist das Herz Leben spendend und Leben erhaltend. Wenn das Herz vor Freude hüpft oder nach einem anstrengenden Tennismatch schneller schlägt, bekommt man ihn zu spüren: den Pulsschlag unseres Lebens, den Kreislauf unseres Körpers, der mit jedem Herzschlag jedes einzelne Organ und jede noch so kleine Zelle erreicht. Herz und

Blutgefäße bilden das in sich geschlossene Kreislaufsystem, ohne dessen tägliche Leistung unser Leben nicht möglich ist.

Woher kommt es zum Beispiel, dass wir schamrot werden oder erblassen? Es zeigt doch, dass unser Kreislaufsystem auf Gefühlsäußerungen und Empfindungen, die aufgenommen, im Gehirn verarbeitet und an das Herz weitergegeben werden, reagiert, sodass es dann vermehrt Blut in die Wangen strömen lässt oder gerade im Gegenteil die Gefäße so verengt, dass die Gesichtshaut blass wird. Dies beweist das „Eigenleben" der Blutgefäße und des Herzens in ihrer Verbundenheit mit dem menschlichen Seelenleben. Das Herz ist mehr als ein nur mechanisch arbeitendes Organ: Es ist der Ort der ganzheitlichen Steuerung unserer menschlichen Persönlichkeit. In diesem Sinne spricht Gion Condrau von der „Metaphysik des Herzens".[15]

Wer kennt nicht die Aussage von Antoine de Saint-Exupéry (Der kleine Prinz): *Man sieht nur mit dem Herzen gut.* In einem meiner Gedichte heißt es: *Das Herz – Quell-Ort des Strömens, Gebens / zugleich auch glühender Focus allen seelischen Lebens / drum höre wohl auf die Schwingung deines Herzens / sei auf der Hut / denn nur im Einklang mit dem Herzen / lebt und sieht man gut.*

Jedem ist die menschliche Symbolsprache bekannt, die besonders auf der Beziehungsebene eine große Rolle spielt: Wir öffnen unser Herz, wir verschließen unser Herz. Wir verschenken unser Herz oder wir haben unser Herz verloren. Wir sprechen davon, dass uns etwas zu Herzen geht, dass wir ins Herz getroffen wurden, dass ein besonders schönes Erlebnis unser Herz höher schlagen lässt. Erfahrungen wie Liebesverlust oder Trennung sind immer einschneidende Erlebnisse, die sehr betroffen machen und als Last auf dem Herzen liegen. Wir sprechen von Herzlichkeit oder von Warmherzigkeit, wenn Menschen liebevoll miteinander umgehen. Den Mutigen nennen wir beherzt und jeder kennt den Ausdruck „ich habe herzlich gelacht“ oder „ich habe mich von ganzem Herzen darüber gefreut“. Und was meinen wir, wenn wir einen Brief beenden mit „herzlichen Grüßen“ und was denken wir, wenn wir sagen „ich bitte von ganzem Herzen um Entschuldigung“?

Unser Herz wird günstig beeinflusst durch gelassene Herzlichkeit, emotionale Aufgeschlossenheit und die Fähigkeit, mit Stressfaktoren konstruktiv umgehen zu können. Der Psychologe Peter Lauster geht sogar so weit, zu behaupten, wer zu herzlicher Gelassenheit gefunden habe, werde niemals einen Herzinfarkt erleiden. *Das ist unmöglich, denn seine Blutgefäße sind entspannt, das Herz kann ungehemmt ... schlagen, es bleibt unbelastet.*[16]

Der herzliche Mensch geht auf seine Mitmenschen und auf Ereignisse positiv eingestellt zu. Er lässt sich nicht von negativen Vorurteilen beeinflussen. Er betrachtet die Dinge, die da kommen, offen und verschließt sich auch nicht vor negativen Erfahrungen. Deshalb hat er auch keine Angst vor eigenen Fehlern. Er hält das Herz weit und offen, verstehend und annehmend. Auch der Prior der Kommunität von Taizé – Roger Schutz – spricht vom „weiten Herzen“: *Ein Herz, das durch viele Prüfungen geht, muss ganz weit und offen werden.* Einer seiner Glaubenssätze ist: „Alles verstehen, alles verzeihen, allem vertrauen.“ Diesen Satz gibt er, von ihm selbst glaubwürdig vorgelebt, den Jugendlichen aller Nationen, die nach Taizé kommen, als Lebenshilfe mit. Ein Satz, der „Herzenssparsamkeit“ und Kleingeistigkeit ausschließt oder überwindet, unser Denken weitet und damit das Herz frei und offen sein lässt. Verstehen, verzeihen und vertrauen kann nur ein wirklich herzlicher Mensch. Intelligenz oder Denken allein sind hier nicht ausschlaggebend, wer ständig analysieren muss, ist in diesem Sinne nicht herzlich. Wer Gesetze und Strukturen, die sehr wohl im technisch-wissenschaftlichen Bereich ihre Berechtigung und ihren Sinn haben, unbesehen auf das zwischenmenschliche Beziehungsfeld überträgt, kann nicht zur selben Zeit herzlich oder gar warmherzig sein. Seine eigene Ideologie und starre Logik machen ihn engherzig und engstirnig und lassen ihn nicht offen sein für die Differenziertheit einer einfühlsamen Beziehung.[17]

Auf der anderen Seite kann das Herz auch sehr belastet werden, wenn jemand sich alles zu Herzen nimmt. Gerade Menschen, die meinen, perfekt sein zu müssen oder die unter einem zu hohen Verantwortungsdruck stehen, spüren oft körperlich, wie ihr Herz sich verengt, weil ihnen der Freiraum zu einem entspannteren Leben fehlt. Ich möchte hier nicht missverstanden werden: All das hat nichts mit „selbst schuld an einer Krankheit sein" zu tun. Doch können meine Überlegungen sehr wohl Anstoß dazu werden, sich selbst rechtzeitig Entlastung zu schaffen, bei Überforderung Nein-Sagen zu lernen, neue und andere Lebensprioritäten zu setzen, bevor überhaupt eine Krankheit beginnt und das Herz eine so deutliche Sprache sprechen muss.

Aus einem Menschen, dessen Denken nur vom Verstand gesteuert wird, kann mit der Zeit ein Mensch mit einem kalten und verhärteten Herzen werden, weil seine innere pulsierende Mitte nicht mehr lebendig und im guten Sinne treibende Kraft seines Lebens ist. In dem unheimlichen Märchen *Das kalte Herz* von Wilhelm Hauff hat die Suche nach äußerem Reichtum das Herz eines Mannes versteinern lassen. *In diesem Märchen tauscht der „Kohlenmunk" sein warmes Herz gegen ein Herz aus Stein ein mit der Verlockung: „Früher konnten ein paar Schläge deines dummen Herzens dich zittern machen, jetzt pochen weder Angst noch Schrecken, weder törichtes Mitleid noch Leid oder Freude an dein Herz." Munk wird tatsächlich reich, indem er andere ausnützt und betrügt, seine Mutter vergisst und seine Frau fast zu Tode prügelt. Doch er fühlt sich dabei nicht glücklich, sodass er nur noch sterben will. Durch die warmherzige Liebe und das großherzige Verzeihen seiner Mutter und seiner Frau findet das Märchen dennoch zu einem guten Ende und es schließt mit dem Satz des Kohlenmunks: „Es ist besser, zufrieden zu sein mit Wenigem, als Gold und Güter zu haben, doch dafür ein kaltes Herz."*

Dieses in seiner eigenen Sprache geschriebene Märchen hat an Aktualität nichts verloren. Ein versteinertes Herz lässt uns zwar angstfrei, unangreifbar, „cool", vielleicht steinreich werden. Doch um welchen Preis? Jede Art von Gefühl, von Teilnahme, von Lebendigkeit und Mitmenschlichkeit kommt abhanden. Die Gefühllosigkeit des harten Herzens lässt nicht zu, dass ich außer mir überhaupt irgendeinen Menschen für wichtig und wertvoll erachte. Gefühllosigkeit vereinsamt! Dort, wo etwas gefühlsmäßig durchgeschnitten und abgetrennt ist, stagniert der Lebens- und Energiefluss des Herzens. An dieser Stelle erinnere ich mich an einen Fabrikanten, der, um seine Firma möglichst Kosten sparend und finanziell erfolgreich führen zu können, seine ganze Familie mit zahlreichen Kindern einspannte und selbst am Sonntag niemandem eine Pause gönnte. Dieses hartherzige Management war aber für ihn selbst so Kräfte aufreibend, nicht allein für seine Angehörigen, dass er in relativ frühem Alter und noch mitten im Leben stehend, einen tödlichen Hirnschlag erlitt.

Wie viel „herzerfrischender" lebt es sich doch mit einem fühlenden, warm pulsierenden, lebendigen Herzen! Mit einem Herzen, das verschenkt werden darf und für einen anderen schlägt, wie etwa bei Goethe in einem herrlichen Zweizeiler: *Ganz war mein Herz an deiner Seite und jeder Atemzug für dich* (aus „Willkommen und Abschied").

Jede warmherzige, liebevolle Zuneigung beflügelt und lässt zugleich das eigene Herz fühlbar werden. Das Denken an den anderen beglückt, lässt das Gesicht lächeln, lässt selbst schwere Gedanken leichter tragen, lässt aufrechter und beschwingter gehen. Das warm strömende

Herz zeigt sich am deutlichsten in der Hingabe an einen Menschen in Liebe und Zärtlichkeit. In einer Arie von Franz Lehar aus „Land des Lächelns“ wird das Herz dem anderen geradezu verschenkt: *Dein ist mein ganzes Herz.*

Einen Adressaten für alle eigenen Liebesgefühle zu haben, ist etwas Wunderschönes. Das erlebt man, wenn z.B. Teenager für einen Sänger heimlich oder offen schwärmen. Aber um wie viel schöner ist es, wenn diese geschenkte Liebe vom Beschenkten erwidert wird und somit wechselseitige Erfüllung findet! Goethe hat dieses Beglücken und Beglücktwerden in der Liebe poetisch meisterhaft zusammengefasst: *Und doch, welch Glück, geliebt zu werden, und lieben, Götter, welch ein Glück!* In einem weiteren Goethe-Gedicht spielt wiederum das Herz die zentrale Rolle: *Ist es möglich, Stern der Sterne, / drück ich wieder dich ans Herz! / Ach, was ist die Nacht der Ferne / für ein Abgrund, für ein Schmerz!*

Die Einseitigkeit eines allein vom Gehirn gesteuerten Denkens wird durch das Herz korrigiert. So sagt Pascal: „Das Herz hat seine Gründe, welche die Vernunft nicht kennt.“ Wo der Mensch sich nicht innerlich zerrissen fühlt, sondern seine auseinander strebenden Kräfte und Tendenzen vereinigt sind, da verdankt er das seinem Herzen. Auch frühere Kulturen haben das Herz als Sitz der Gefühle, der Freude und der Trauer verstanden. Die alten Ägypter haben aber auch den Willen und das Gedächtnis, die Weisheit und die Fähigkeit zu denken, dem Herzen zugeschrieben. Vor allem das Gewissen und die Liebesfähigkeit galten dort als „Herzenssache“. In der Vorstellung des Alten Israel ist das Herz sogar identisch mit der ganzen menschlichen Person. Es ist der Ort, von dem das Gute oder das Böse aufsteigt, der Ort, wo sich der Mensch Gott gegenüber öffnet oder verschließt.[18]

In der Bibel finden wir viele Stellen, die auf die Besonderheit des Herzens hinweisen. So heißt es bei Jeremia, *dass uns das, was gut ist, nicht nur verkündet wird, sondern direkt ins Herz geschrieben ist* (Jeremia 31,33). Oder bei Ezechiel steht: *Das steinerne Herz, das nicht lieben kann, sollen wir loswerden und um ein fleischernes Herz bitten, das empfinden kann* (Ezechiel 36,26). Einmal erbittet sich der König Salomo, als er am Anfang seiner Inthronisation einen Wunsch frei hatte, von Gott *ein verstehendes Herz und ein weises Herz* (1. Könige 3). In den Weisheitssprüchen des AT heißt es in einer Bitte so: *Bewahre dein Herz mit allem Fleiß, denn daraus quillt das Leben* (Sprüche 4,23). Oder bei Sprüche 17,22 lesen wir: *Ein fröhliches Herz tut dem Leibe wohl, aber ein betrübtes Gemüt lässt das Gebein verdorren.* Und weiter in Sprüche 11,17: *Ein barmherziger Mann nützt auch sich selber, aber ein herzloser schneidet sich ins eigene Fleisch.*

Für Jesus spielt das Herz als zentrale Mitte des Menschen eine wichtige Rolle. Er hat ein Herz für gesellschaftlich Geächtete, für die an den Rand Gedrängten, für Kranke und Verzweifelte, schlechthin für die „Verlorenen". Er gibt ihnen die Lebensmitte und den Sinn zurück. Er freut sich über die, deren Herzen bereuen und er verkündet: „Euer Herz soll sich freuen!" (Johannes 16,22).

Im Hebräerbrief steht der Satz: „Es ist ein köstliches Ding, dass das Herz fest werde, welches geschieht durch Gnade" (Hebräer 13,9). Damit ist gemeint, dass das Menschenherz sich nicht wie ein Blatt im Wind mal nach dieser Seite, mal nach jener Seite drehen soll, sondern in jedem Fall fest und verlässlich zu einer für richtig erkannten Sache steht. Deshalb sagt Jesus auch: „Eure Rede sei ganz klar ja oder nein." In der Tat lehrt die Erfahrung: Die JEIN-Sager sind im Endeffekt die eigentlichen Verräter, die, wenn es gilt, zu keinem ihrer Worte stehen, weder zum einen, noch zum anderen. Wer behauptet: „Hinstehen ist unchristlich", der hat vom Christentum nichts verstanden. Jesus gab stets in eindeutiger Weise seiner Überzeugung Ausdruck, was sogar einmal im Hinauswurf der Geschäftemacher aus dem Tempel gipfelte. Mut, Entschlossenheit und Risikobereitschaft – nicht zu verwechseln mit ungutem Nervenkitzel – sind Merkmale eines gesunden Herzens, des Herzens eines Menschen, der sein Leben verantwortlich in die Hand nimmt. „Jede Entscheidung, auch die kleinste und alltäglichste, stärkt das Herz und lässt es wachsen."[19] Auch gerade in Krankheitszeiten ist die Festigkeit des Herzens ein hohes Gut. In Sprüche 18,14 heißt es: *Wer ein mutiges Herz hat, weiß sich auch im Leiden zu halten, wenn aber der Mut darniederliegt, wer kann's tragen?* Feigheit, Bequemlichkeit und Trägheit können den Lebensfluss gefährden.

Kreist ein Mensch nur noch um sein eigenes Ich, dann sprechen wir von Herzensträgheit. Da panzert einer sein Herz, um nicht mitfühlen zu müssen.

Das Herz ist ein Muskel, der trainiert werden muss. Willenstraining ist gefragt, wenn wir uns weiterentwickeln wollen. Das Leben kennt keinen Stillstand und kein Zurück.

Gründe für psychische „Herzensverengung" werden im *Gleichnis von den anvertrauten und vergrabenen Talenten* angeführt (Lukas 19,11-26). Wer seine von Gott gegebenen Gaben anwendet und durch kluge Geschicklichkeit und Ausdauer vermehrt und für andere einsetzt, der fühlt die Größe und Liebesfähigkeit seines Herzens wachsen. So spricht der Dichter Novalis sogar vom Herzen als dem „religiösen Organ", weil es über die engen Grenzen unseres eigenen Ich hinausführt und zum Einfallstor göttlicher Liebe werden kann. Diese göttliche Liebe kann sehr wohl über die gegenseitige Liebe zweier Menschen erfahrbar werden. Im Idealfall heißt es dann: „Sie sind ein Herz und eine Seele." Oder ein Liebespaar, das sich entschließt, das weitere Leben miteinander zu teilen, sagt nicht umsonst: „Wir haben uns auf Herz und Nieren geprüft."

Die Begegnung mit einem liebenden Menschen hat heilende Kraft. Doch ist eine solche Begegnung niemals „machbar", sie ist das Geschenk einer Stunde, ein Angerührtsein im Herzen, der Gleichklang zweier Herzen außerhalb jeder Absicht. „Gott macht sich im Geschenk der Begegnung so klein, dass er in ein Herz passt und er lässt uns so groß sein, dass wir ihn erfassen können und erfahren, dass wir göttlich sind.“[20]

Das Herz ist empfänglich für Gefühls- und Gemütsbewegungen und wird durch sie lebendig. Es kann singen, wenn es übervoll ist vor Freude, es kann springen und tanzen, reißt den ganzen Körper mit, oder es kann sogar brennen vor Begeisterung. So dichtete Paul Gerhard: *Ich singe dir mit Herz und Mund, Herr, meines Lebens Lust; ich sing und mach auf Erden kund, was mir von dir bewusst.*

Denken wir zurück an die Stunde, in welcher der Engel Maria die Geburt Christi angekündigt und ihr gesagt hat, dass sie die Mutter sein werde. Verstehen konnte sie es nicht, aber sie war so glücklich darüber, ihr Herz war so übervoll vor Glück, dass sie unbedingt davon weitererzählen und die frohe Nachricht aus ihrem Herzen heraus singen musste (Lukas 1,46): *Meine Seele erhebt den Herrn und mein Geist freut sich Gottes, meines Heilandes.*

In einer bestimmten Tiefe religiöser Erfahrung will das Herz einfach singen, das Singen bricht aus ihm heraus. Oder es springt vor Freude und Glück. Paul Gerhard hat das in einem seiner Weihnachtslieder aufgegriffen: *Fröhlich soll mein Herze springen dieser Zeit, da vor Freud alle Engel singen.*

Als Jesus nach seiner Auferstehung zweien seiner Freunde begegnete, bekannten sie danach: *Brannte nicht unser Herz in uns, als er mit uns redete auf dem Wege?* (Lukas 24,32) Das Herz ist in ganz besonderer Weise Auffangstation für die Botschaft des göttlichen Wortes. Von den ersten Hörern der Pfingstpredigt heißt es: *Da sie aber das hörten, ging's ihnen durchs Herz.* (Apostelgeschichte 2,37) Auch Jeremia sagt über die Wirkung des göttlichen Wortes: *Dein Wort ist meines Herzens Freude und Trost.*

(Jeremia 15,16) Nach der weihnachtlichen Engelsbotschaft an Maria wird von ihr berichtet: *Sie bewegte all diese Worte in ihrem Herzen.* (Lukas 1)

So ist unser Herz offen für die religiöse Sprache und für alle Botschaften, die im zwischenmenschlichen Bereich hin- und hergehen. Verletzende Worte fallen ebenso wie liebevolle Worte direkt ins Herz und bleiben dort in einer uns nicht mehr bewussten Tiefenschicht haften. So können Worte heilen und zerstören. Heilen, indem sie das Herz offen und weit sein lassen, zerstören, indem sie das Herz eng werden lassen vor Enttäuschung und Schmerz. Es ist wichtig, Gutes und Wohltuendes zu suchen und in das Herz einzulassen und es zu lernen, einem anderen nicht mehr Macht über sich einzuräumen, als gut ist. So bleibt das Leben in gesundem Fluss, sind wir am Puls des Lebens. Wenn uns das nicht gelingt, verkrampft unser Herz, es gerät aus dem Rhythmus. Durchblutungsstörungen sind die somatische Folge. Mangelnde Durchblutung ist die Hauptursache für Herzinfarkte und Schlaganfälle (Hirnschläge), die in der heutigen Zeit die häufigste Todesursache sind.

Im menschlichen Leben ist es unabdingbar, dass es Höhen und Tiefen gibt. Es gibt Zeiten, die dem Herzen nicht gut tun. Doch es liegt an jedem von uns selbst, ob wir pfleglich und einfühlend mit unseren Herzensangelegenheiten umgehen. Es spielt eine Rolle, ob wir uns mit Lichtem umgeben oder mit Dunklem, ob wir Schönes auch schön sein lassen können oder ob wir es „schwärzen" müssen. In Marbach am Neckar ist im Geburtshaus Schillers zu lesen: *Es liebt die Welt, das Strahlende zu schwärzen / und das Erhabne in den Staub zu ziehn. / Doch fürchte nicht, es gibt noch schöne Herzen, / die für das Hohe, Herrliche erglühn.*

Auch Goethe bemühte sich, einem Bekannten das verdunkelte Herz zu öffnen und den verengten Blick zu weiten, indem er ihm durch eine „Harzreise im Winter" aus seiner selbstbezogenen, tragischen Herzensarmut heraushelfen wollte. Weder Worte, noch die anrührende Begegnung mit der Natur konnten dessen Herz bewegen und wieder mit Liebe erfüllen. Vielmehr wurde ihm „Balsam zu Gift“ und er trank sich „Menschenhass aus der Fülle der Liebe“. Goethe konnte ihm nicht helfen und wandte sich daher in einem Gebet an „den Vater der Liebe“. Später hat Johannes Brahms diese Worte kongenial vertont: *Ist auf deinem Psalter, Vater der Liebe, ein Ton seinem Ohre vernehmlich, so erquicke sein Herz!*

Verletzlich

Durch so viel Verletzungen
narbenverhärtet,
habe ich selbst Gefühle eingebüßt,
wie oft den Schmerz betäubt,
aber auch den Sinn
für die leisen Töne.
Doch lobe ich nicht,
was das Herz mir versteinert,
will mich schützen
vor tödlichen Pfeilen der Gefühllosen,
ohne taub zu werden
für die Stimmen der Dürstenden
und starr
für die tastenden Gesten
der Sehnsüchtigen
und niemals zu hart
für das sanfte Spiel der Liebenden.

Peter Goes

Der erste Dienst, den wir zu tun haben, ist,
dass einer den anderen anhört.
Zuhören kann ein größerer Dienst sein als reden.
(D. Bonhoeffer)

4 *Das heilende Wort*

„Das Wort ist die Hauptsache. Das Wort ist das Wunder: Es lässt uns lachen und weinen, es erhebt uns und demütigt uns, es macht uns krank und macht uns gesund. Ja, es gibt uns erst das wahre Leben hier und dort. Und dies letzte höchste Wort, das haben wir in der Bibel. Daher nehm' ich's. Alle wahre Hilfe fließt aus dem Wort. Aber freilich, das richtige Wort wird nicht überall gesprochen."

Dieses Zitat aus Fontanes Roman „Der Stechlin" zeigt die überragende Bedeutung des gesprochenen Wortes für die Heilkunst, für die Gesundheit und für das Gelingen von zwischenmenschlichen Beziehungen. Doch auch das Gegenteil ist richtig: Worte können auch destruktiv und zerstörerisch wirken. Oft bräuchten wir selbst ein gutes Wort. Aber es wird nicht gesagt. Hat mein Gegenüber gar nicht zugehört? Ist er in ganz eigene Gedanken vertieft? Findet er keine Antwort? Die Sprachlosigkeit, die Sprachnot zeigt sich in unserer medialen Welt immer deutlicher dadurch, dass zwar viel gesprochen wird, aber oftmals Worte ausbleiben, die helfen und heilen könnten. Oft wird das richtige Wort zur passenden Zeit nicht gefunden.

Das Wort, das dir hilft, kannst du dir nicht selber sagen. Wie wahr ist dieser Satz! Doch wer hat die Zeit, in Ruhe und mit Einfühlung einem anderen zuzuhören? Die rasante Entwicklung des technischen Fortschritts hat zur Folge, dass der Mensch sich immer mehr den technischen

Medien zuwendet, aber immer weniger die direkte Beziehung von Mensch zu Mensch pflegt. Der Mensch ist ein „Sprachwesen“, er möchte angesprochen werden und sich aussprechen können. Viele einsame Menschen, die weder eine Ansprache haben, noch jemanden ansprechen können – es sei denn, sie bezahlen dafür – sind die Folge der um sich greifenden Sprachverarmung. Hören Sie einmal genau auf einen keineswegs kostenfreien per SMS oder E-Mail gesendeten Satz: Es fehlt jedes schmückende Wort, der Telegrammstil ermöglicht es, dass der Absender nichts von seinem Befinden preisgeben muss.

Wieso Sprachverarmung und Sprachnot, wo doch wie nie zuvor die Möglichkeit besteht, sich durch Talkshows, Diskussionen und Debatten in Funk und Fernsehen rund um die Uhr mit Worten berieseln zu lassen? Es geht nicht um beliebige Worte. Es geht mir um das notwendige und treffende Wort, das ich an einen bestimmten Menschen richte, der sich in einer ganz persönlichen Situation befindet. Das *richtige* Wort ist eine Antwort auf das *gehörte* Wort.

Auf der einen Seite erreichen Nachrichten in Sekundenschnelle den anderen Teil der Erdkugel, auf der anderen Seite stagnieren persönliche Gespräche mit dem nächsten Nachbarn, oft sogar mit den nächsten Angehörigen. Eltern können nicht mehr mit ihren Söhnen und Töchtern sprechen, Eheleute reden zu wenig miteinander, in partnerschaftlichen Beziehungen stockt das Gespräch. Wo Kinder gemeinsam spielten und der Spielfluss überhaupt durch Sprechen in Gang gehalten wurde, da sitzt das einzelne Kind vor seinem Spielcomputer. Wo bei Tisch die Mahlzeiten durch Gespräche aufgelockert wurden, muss Ruhe herrschen, damit laufende Fernsehsendungen verfolgt oder Handy-Gespräche getätigt werden können. Aufgestaute Probleme können nicht ausgesprochen oder bearbeitet werden. Gefühle werden im künstlichen Leben abreagiert statt im wirklich lebendigen Bereich. Der ständige

Vergleich von realem mit virtuellem Leben setzt falsche Maßstäbe, die selten Persönlichkeitsentwicklung ermöglichen. Talkshows gaukeln vor allem jungen Menschen eine Illusion von Interesse und Verstandenwerden vor, in Wirklichkeit werden die Beteiligten mit oft sehr intimen, eigentlich vor der Öffentlichkeit zu schützenden, persönlichen Problemen zum Zwecke der Unterhaltung zur Schau gestellt, ja, teilweise sogar zur Belustigung eines Millionenpublikums. Ich will nicht ausschließen, dass das Interesse an einem persönlichen Schicksal während der Sendung tatsächlich vorhanden ist, doch bedeutet das Ende der Sendezeit oft einen jähen Abbruch der Zuwendung. Zurück bleibt ein Mensch, dessen Probleme zwar kurz angerissen wurden, der danach aber erst recht einer Aufarbeitung seiner Probleme bedürfte. Oberflächliches Gerede gibt es zuhauf. Doch mangelt es an guter, heilsamer Rede, an persönlicher Seel-Sorge, die auf den Menschen eingeht.

In der Zunahme des gewollten oder ungewollten Single-Daseins wird sichtbar, dass Werte wie das eigene Wohlbefinden und der persönliche Nutzen auf der Stufenleiter sehr weit oben platziert sind. Typische Fragen sind: „Was bringt mir das?" „ Was habe ich davon?" Auf der einen Seite gelten Individualität, Freiheit und Ungebundenheit als absolute Höchstwerte, doch gleichzeitig wird dadurch der Mensch verunsichert und wartet in seinen Tiefen auf Erlösung aus der Beliebigkeit. Er hofft, wenn auch oft unbewusst, auf beziehungs- und sinnstiftende Begegnung, die Verbindlichkeit und Verlässlichkeit ermöglicht. Trotz aller Skepsis ahnen wir: „Am Du wird der Mensch zum Ich. In der Beziehung gestaltet sich Seele. In Begegnung, Kontakt, Austausch und Gespräch geschieht Persönlichkeitsentwicklung." (Roland Kachler)

Wie blockierend, ja regelrecht krank machend anhaltende Sprachlosigkeit und Kommunikationslosigkeit sich auswirken kann, werden Sie an nachstehendem Ausschnitt aus einer Lebensgeschichte erkennen:

- Herr N. hatte vor genau sieben Jahren einen seiner beiden Söhne aufgrund einer Herzklappenentzündung, die durch eine Streptokokken-Infektion verursacht war, verloren. Vorausschickend möchte ich erwähnen, dass es sich bei diesen Söhnen um ein Zwillingspaar handelt und dass der überlebende Zwillingssohn durch einen Geburtsfehler nicht besonders stark, aber dennoch merkbar geistig zurückgeblieben war. Herr N. – ein Akademiker – hatte sich seit der Geburt der beiden Kinder fast ausschließlich mit dem gesunden Zwillingssohn beschäftigt. Als dieser an der Streptokokken-Infektion so schwer erkrankte, dass die ärztliche Kunst ihm nicht mehr helfen konnte und er nur noch durch ein Beatmungsgerät am Leben gehalten wurde, traten die behandelnden Ärzte an den Vater heran mit der Bitte, sich für ein Abstellen des Gerätes zu entscheiden. Mit dieser Entscheidung wurde er genau an seinem Geburtstag konfrontiert, was er als gerechte Strafe für seine bisherige Nichtbeachtung und emotionale Vernachlässigung des behinderten Sohnes empfand. Von diesem Gefühl der Schuld konnte ihn niemand befreien. Sein ganzes Wesen verhärtete sich und er hatte furchtbare Kämpfe mit sich selbst auszufechten. Seit dieser Zeit war sein Geburtstag, also der Todestag seines Sohnes, für ihn nicht mehr relevant. Er hatte sein eigenes Leben zusammen mit dem Tod des Sohnes aufgegeben. Er verschloss sich total und konnte seine Sorgen und Nöte auch keinem Menschen anvertrauen. Tag für Tag besuchte er das Grab des Sohnes, als ob Hilfe und Trost einzig von der Grabstätte ausgehen könnten. Mit der Zeit verschlechterte sich sein Gesundheitszustand, es stellten sich Schlafstörungen, Herzrhythmusstörungen und allgemeines Unwohlsein ein. Da die daraufhin eingeleiteten ärztlichen Behandlungen keine Besserung brachten, wurde er in eine psychosomatische Klinik eingewiesen. Dort fand er einen kompetenten Gesprächspartner. Schrittweise konnte er seine Trauer und ebenso seine Wut zulassen und aussprechen. Sein gesundheitlicher Zustand verbesserte sich mit der Zeit zusehends. Als jedoch sein Gesprächspartner urlaubsbedingt das Gespräch für längere Zeit unterbrechen musste, traten die Schlafstörungen und Herzrhythmusstörungen erneut auf. Nach der Entlassung aus der Klinik erlitt er zu Hause einen Herzinfarkt. Seine Unfähigkeit, über Probleme und Schwierigkeiten zu sprechen, hatte ihn nun fast das eigene Leben gekostet. Nach einem erneuten Klinikaufenthalt soll er sich jetzt in einem Rehabilitationszentrum erholen. Es ist ihm zu wünschen, dass er während seiner Rehabilitationszeit von einem Arzt oder Seelsorger erneut die Unterstützung und Fürsorge erhält und sie auch annehmen kann, die es ihm ermöglicht, sein ganzes Leid und die von ihm empfundene Schuld auszusprechen, und so den Tod seines Sohnes akzeptieren zu lernen. Erst dann werden sich seine Krankheitsbilder bessern und er wird wieder zu Selbstachtung und Lebensfreude zurückfinden können.

Farbtupfer für das gelingende Gespräch

Gelingendes Gespräch ist nie einseitig, sondern ein wechselseitiges Sich-Öffnen. In der erwähnten Beispielgeschichte trifft Herr N. nach langen Jahren des Schweigens auf einen Menschen, in dessen Gegenwart er sich langsam traut, unangenehme Gefühle zuzulassen und auch auszusprechen. Ein gutes Gespräch vermittelt Selbsterkenntnis und die Möglichkeit, sich selbst neu zu entdecken und entdecken zu lassen. Manchmal gelingt es, dass wir uns mit den Augen des anderen sehen können. Wenn es gelingt, das Gespräch so zu führen, dass der andere etwas an sich neu sehen kann, spürt man das daran, dass der Gesprächspartner sehr hellhörig wird. Wenn Herr N. im Gespräch das Verstandenwerden durch den Gesprächspartner erlebt – ohne sich unwert fühlen zu müssen – wird es ihm im weiteren Bearbeiten seiner Lebensgeschichte möglich werden, das Gewesene loslassen, den Tod des Sohnes annehmen und sich dem Leben wieder bejahend zuwenden zu können. Eines Tages könnte aus der Trauer über den verlorenen Sohn Freude an dem lebenden, bisher im Schatten stehenden Sohn hervorwachsen.

Oft steckt hinter einem Leiden verborgene Lebenskraft, die ans Licht drängt. Das Gespräch kann helfen, diese Lebenskraft zu entdecken und freizusetzen. In der personenzentrierten Gesprächstherapie nach Carl Rogers, dem Begründer der Gesprächstherapie in Amerika, wird mehr an Freisetzung von Wachstum der Persönlichkeit als an Bekämpfung von Leiden und Krankheiten gearbeitet. Es werden falsche Wertsysteme aufgezeigt, die den Menschen geprägt haben und die in direktem Zusammenhang zu gegenwärtigen problematischen Lebenssituationen stehen. Frühe lebensblockierende Codierungen können erkannt und aufgelöst werden. Darin liegt die Möglichkeit, Lebenskraft zu mehren und damit Selbstheilungskräfte frei zu setzen. Ganz oft finden wir hinter gegenwärtigen Leidenssituationen alte Verhaltensmuster, Codierungen, die wir in der Kindheit gelernt haben und die unsere Lebenskräfte unterdrücken. Fremdbestimmte Sätze, die sich eingeprägt haben, wie z.B. „Das darfst du nicht!“ oder „Das kannst du nicht!“ zeigen sich oft in Unterdrückung eigener, individueller Lebensimpulse. Wenn wir nicht im Laufe unseres Lebens dieser Energie wieder Raum schenken, unterdrücken wir einen Teil von uns. Es kommt darauf an, dass die in uns angelegten Lebensenergien zum Fließen kommen. Wir sind schöpferische Wesen und finden unsere Erfüllung darin, dass alles, was in uns hineingelegt ist, sich entfalten kann.

Ich weiß von einer Studentin, die sich nie traute, in Vorlesungen offen und frei zu sprechen, obwohl sie ausgesprochen intelligent und sprachbegabt war. Diese Begabung zeigte sich aber nur in für sie ganz vertrauten Situationen. Im Gespräch stellte sich heraus, dass ihr Vater, ein Journalist, ihr wieder und wieder eingeredet hatte, sie könne sich nicht richtig ausdrücken. Sie spräche so, dass niemand sie verstehen könne. Ihre Hemmungen waren inzwischen so groß geworden, dass ihr Vater sie bei allen offiziellen Anlässen begleitete. Ja, selbst die Bestellung eines Essens im Restaurant war für sie zum Problem geworden und wurde selbstverständlich vom Vater übernommen. In wiederholten Gesprächen gelang es, diese Fehlcodierung aufzulösen. Die Studentin traute sich, eigene Gedanken frei auszusprechen, ihr schöpferisches Potenzial sprachlich in hervorragender Weise zum Ausdruck zu bringen, indem sie sogar eigene Gedichte vortrug.

Was zeichnet ein Gespräch aus, das lebenshemmende und schädliche Codierungen aufzuheben hilft und das es auch ermöglicht, das eigene Ich ungeschminkt zu sehen und mit seinen guten Seiten, aber auch mit seinen Schattenseiten zu leben? Wie kann ich aus dem vorhandenen Wirklichen das Bestmögliche machen? So fragt Viktor Frankl in seinem logotherapeutischen Ansatz. Ganz bestimmt führt ein Gespräch, in dem jeder von sich selber spricht und keiner wirklich zuhört, zu keiner weiteren Erkenntnis. Auch dort, wo nur Nettigkeiten, Artigkeiten und Belanglosigkeiten ausgetauscht werden, oder dort, wo über Dritte eifrig geklatscht wird, wo der andere der Lächerlichkeit preisgegeben wird, verdienen die Worte nicht das Prädikat „Gespräch". Auch wenn Worte lediglich technisches Verständigungsmittel sind (wie z.B. in Gebrauchsanweisungen), kommt das Heilsame des Wortes nicht zum Tragen. Eine indianische Weisheit hält fest: „Um einander zu verstehen, brauchen die Menschen nur wenige Worte. Viele Worte brauchen sie nur, um sich nicht zu verstehen." Umgekehrt gilt aber auch: „Wo Wort recht geschieht, lichtet sich die Existenz im Miteinander." (G. Ebeling)

Damit Gespräch Mit-Teilung sein kann – ein Teilen von Zeit, Gefühlen, Gedanken und Existenz –, müssen die Worte Beziehung zum anderen herstellen. Was gehört dazu?

1. Partnerschaftlichkeit: Beide Gesprächsteilnehmer empfinden und begegnen sich vorurteilslos als Partner. Beide sind gleichberechtigt. Es gibt kein oben und unten, kein Ich-weiß-alles und Du-weißt-nichts.

2. Achtsamkeit und Respekt: Heilsame Rede achtet den anderen. Auch dem Andersdenkenden gebührt Respekt. Er hat das Recht auf seine eigene Meinung, auf seine eigene Lebensweise.

3. Bewertungsfreiheit: Hilfreiches Sich-Mitteilen kann nur da geschehen, wo Gesagtes nicht kategorisch in gut und böse, falsch oder richtig eingeordnet wird. Eine solche Bewertung nimmt dem anderen den Mut zum Sprechen und auch zum Einbeziehen seiner Schattenseiten. Wo tatsächlich ein „Schlecht" oder „Falsch" im Raum steht, muss zwischen Personen-Ebene und Sach-Ebene unterschieden werden. Jede Kritik oder Richtigstellung darf sich nur auf die Sach-Ebene beziehen, niemals auf die Beurteilung oder gar Herabsetzung der Person. „Je mehr ich also ein Verhältnis frei von Bewertung und Beurteilung halten kann, desto mehr erlaubt es dem anderen, zu dem Punkt zu gelangen, wo er erkennt, dass die Bewertungsinstanz, das Zentrum der Verantwortung, in ihm selbst liegt." [21]

4. Echtheit, Authentizität, Kongruenz: Eine Beziehung ist um so hilfreicher, je ehrlicher ich mich einbringen kann. Es führt zu nichts Heilendem, eine Einstellung zu zeigen, die ich auf einer tieferen Ebene gar nicht habe. Es macht keinen Sinn, so zu tun, als wäre ich jemand, der ich nicht bin. Zur Ehrlichkeit gehört auch unter Umständen, sich unbeliebt zu machen und nicht nur das zu sagen, was der andere gerne hören möchte. Zur Kongruenz gehört

die Stimmigkeit von Mimik, Gestik und Wort. Wenn Worte und übriger Duktus einer Person nicht übereinstimmen, führt das zu einer ganz erheblichen Verunsicherung des Gesprächspartners.

5. Akzeptanz, Warmherzigkeit, Annahme: „Je mehr ich den Einzelnen zu akzeptieren vermag, je mehr Zuneigung ich zu ihm empfinde, desto leichter kann ich eine für ihn nützliche Beziehung schaffen."[22] Akzeptieren heißt hier: ein warmherziges Anerkennen dieses Individuums als Person von bedingungslosem Selbstwert.

Das Wort, das dir hilft, kannst du dir nicht selber sagen

Nachfolgender Bericht einer Mitarbeiterin im Besuchsdienst der Klinikseelsorge zeigt, wie wichtig es ist, alles aussprechen zu können, was bedrückt und belastet und ein Gegenüber zu haben, das frei von jeder Bewertung zuhört und annimmt:

- Ein 70 Jahre alter Patient ist freundlich, doch sehr traurig und niedergeschlagen. Seit einigen Monaten weiß er, dass er Lungenkrebs hat. Seine ganze Hoffnung setzt er auf Heilung durch eine Operation. Es stellt sich jedoch heraus, dass sich bereits Metastasen gebildet haben und es somit für eine Operation zu spät ist. Seitdem er dieses Wissen hat, ist er sehr niedergeschlagen und deprimiert. Seine Frau besucht ihn täglich, aber mit ihr kann er über sein Kranksein und sein Problem kaum sprechen. Im Gegenteil, er braucht alle Kraft, um seine Frau immer wieder von Neuem aufzurichten. Sein großer Freundeskreis ziehe sich immer mehr zurück – so erzählt er mir – sie wissen nicht, was und worüber sie mit ihm sprechen sollen.

  Ich verbrachte lange Zeit am Bett dieses Patienten. Wir sprachen über Bangen, Hoffen und über den vielleicht schon baldigen Tod. Mir wurde dabei deutlich, dass der

Kranke durch mein zugewandtes Zuhören und durch das Gespräch sichtbar ruhiger wurde. Das Gespräch half ihm, sein inneres Erleben wahrnehmen und verstehen zu können und ermöglichte ihm, weitere Schritte zur Bewältigung seiner Trauer anzugehen. Unser Gespräch hatte ihm Kraft und Ruhe gegeben, er fühlte sich verstanden und getröstet und bat deshalb um weitere Besuche.

Wie sehr ein solches seelsorgerliches Gespräch noch im Nachhinein wirkt, weil es tiefes Angenommensein vermittelt hat, wird deutlich aus den Worten, die eine von mir besuchte Patientin an ihre Bettnachbarin richtete: „Als er zur Türe hereinkam, wusste ich, jetzt wird alles gut!" Viele Menschen spüren die Kraft, die von energetischer Seelsorge ausgeht. Es ist mehr als ein Verstanden- und Getröstetwerden in der Krankheit. Es weist in eine weitere Dimension hinein, die dem Leben in seiner Begrenztheit eine neue Bedeutung gibt über den Tod hinaus. Wir sind in der Liebe Gottes unendlich geborgen, wie unter einem schützenden Mantel. „Nichts kann uns scheiden von der Liebe Gottes." (Römer 8,39)

- Im Vorbeigehen an der Intensivstation erlebte eine Krankenschwester, wie ein Elternpaar weinend und verzweifelt wartete, bis es seinen schwer verunglückten und im Koma liegenden neunzehnjährigen Sohn besuchen durfte. Die Schwester erfasste in dem kurzen Moment, wie notwendig es war, die Eltern in dieser bangen Ungewissheit aufzufangen, sodass sie mich auf die Intensivstation rief. Noch auf dem Gang sprach ich mit der Mutter und dem Vater des Verunglückten, umarmte sie wortlos, spürte ihre Ungewissheit, hielt sie mit aus. Eine Schwester holte uns dann herein und wir standen zu dritt am Bett des bewusstlosen Sohnes. Eine andere Schwester fragte die Eltern, ob sie den Dienst habenden Arzt holen solle, um gemeinsam mit ihnen den Diagnosebericht anzuschauen. Die Mutter wies dieses sachliche Angebot in dem für sie so emotional bewegenden Moment zurück, indem sie sagte, dass sie die Diagnose bereits kenne und ein nochmaliges Sprechen darüber ihre Kräfte jetzt übersteigen würde. Sie brauche jetzt etwas anderes: Zuwendung, Trost, seelische Energie zur Bewältigung dieses Schicksalsschlages. Ich konnte sie in ihrer Verzweiflung gut verstehen und bot ihr an, mit ihr und für sie und ihren Mann und den Sohn zu beten und sie so mit einer anderen Dimension in Verbindung zu bringen. Der Gedanke „Einer weiß, was wirklich ist", wirkte in diesem Moment Trost und Halt gebend. Ich sprach auch den bewusstlosen Sohn direkt an, bat Gott um Hilfe, Schutz und Bewahrung. Es war bewegend, zu erleben, wie intensiv sich die Eltern auf die Kraft der Worte einließen und dabei ruhiger und gefasster wurden. Nach Tagen des Hoffens und des Bangens erwachte der junge Mann aus dem Koma. Die Genesung schritt voran und er konnte später sogar geheilt das Krankenhaus verlassen. Zuvor hatte ich ihn noch mehrmals besucht. Dabei stellte sich heraus, dass er mir bis in alle Einzelheiten hinein erzählen konnte, was sich damals in der Intensivstation, als ich ihn im Koma ansprach, zugetragen hatte. Nicht nur die Worte hatte er in der Ferne gehört, sondern auch die zuversichtliche Kraft gespürt, die ihn fest an eine Genesung glauben ließ.

Carl Gustav Jung und Viktor Frankl waren beide Wegbereiter für eine ganzheitliche Sichtweise des Menschen. Sie erkannten, dass psychische und somatische Erkrankungen, sowie seelische Krisen oft mit einer ungelösten Sinnfrage zu tun haben. Wo der Mensch auf sich allein angewiesen ist und sich in rein materialistischer Sichtweise als kalkulierbares und rational funktionierendes Wesen erlebt, fühlt er sich in eine Sinn-Leere gestellt, in der er Krisensituationen kaum bewältigen kann. „Er bedarf einer Anschauung, welche den Sinn menschlicher Existenz im Weltganzen hinlänglich erklärt, welche der seelischen Ganzheit, nämlich der

Kooperation von Bewusstsein und Unbewusstem entspringt. Sinnlosigkeit verhindert Fülle des Lebens und bedeutet Krankheit. Sinn macht vieles, vielleicht alles ertragbar.“ [23]

Der Seelsorge geht es um ein Heil-Werden in Körper, Seele und Geist. So bleibt sie auch denen nahe, bei denen es keine medizinische Heilung, keine psychische Entwicklung oder Reifung gibt. Seelsorge will den Raum öffnen für Gottes heilende Nähe auf allen Ebenen: in der befreiten Beziehung des Menschen zu sich selbst, zum Mitmenschen, zur Welt hin und zu Gott hin. Auch wenn keine Lösung in Sicht ist, hält sie das Dunkel mit aus. Ich will hier nicht verschweigen, dass ich als Seelsorger oft ohnmächtig der Krankheit und dem Sterben eines Patienten gegenüber stehe. Trotzdem will ich nicht fliehen und verdrängen, dass es diese Ohnmacht gibt, und möchte ein helfendes Wort sagen, das der Todesmacht Einhalt gebietet und das in eine andere Dimension des Lebens über den Tod hinaus begleitet.

Durch mein Achten und Annehmen des anderen ohne Werturteile und Vorwürfe kann für diesen spürbar werden, dass Gott wirklich derjenige ist, der ihn in seinem Sosein bedingungslos annimmt. In dem Vermitteln dieser Grundgeborgenheit in aller Erschütterung wird Seelsorge Energien freisetzen, die heilend wirken, weil der ganze Mensch angesprochen ist und Atemräume zum Leben erhält. Mir ist es wichtig, den Menschen nicht nur als Summe seiner Organe oder alleine als leistungsbestimmtes Wesen zu sehen. Ich möchte meinen Mitmenschen in seiner Einzigartigkeit, in seiner unverlierbaren Würde ansprechen, der keineswegs nur wichtig ist durch das, was er leistet, sondern auch in dem, was er leidet.

Jedes gelungene seelsorgerliche Gespräch ist gleichzeitig Geschenk und Gnade. Auch hier gilt das Wort des französischen Philosophen Blaise Pascal: „Es ist nicht auszudenken, was Gott aus den Bruchstücken unseres Lebens macht, wenn wir sie ihm ganz überlassen.“

In den Begegnungen Jesu mit Menschen spielt das heilende, seelsorgerliche Gespräch eine zentrale Rolle. Jesus verhält sich einfühlend und geht auf den Menschen zu. Er baut Ängste ab. Bei Jesus beginnt die Seelsorge bereits im Sehen. Er sah den Blinden, der schon lange blind war, und ging nicht an ihm vorüber. Er sah die Samariterin am Brunnen und sprach sie an. Er nahm den sich versteckenden Zachäus auf dem Baume sitzend wahr und rief ihn herunter. Er setzte sich über alle Vorurteile, die Menschen ausgrenzten, hinweg. Seine Rede ist einfühlsam, sie konfrontiert den Menschen mit sich selbst und ist geeignet, die Selbsterkenntnis anzuregen. Destruktive Einstellungen und Verhaltensweisen werden in ihrer Wurzel als Beziehungsstörung entdeckt und ermöglichen somit Verwandlung. Widerstand bearbeitet Jesus konsequent, jedoch immer so, dass der Einzelne nie überfordert ist. Die ganzheitliche Seelsorge Jesu zeigt sich darin, dass es ihm immer auch um den Bezug zu Gott und um die Heilung des gestörten Verhältnisses zu Gott geht. Sündenvergebung und Heilung des Körpers sind für Jesus ein einheitliches Ganzes (vgl. Markus 2: die Heilung des Gelähmten). Deshalb sprach Jesus die Menschen auf ihren Glauben und auf ihr Vertrauen zu Gott an; deshalb ging er zu denen, die keine Beziehung mehr zu Gott hatten oder die aus der äußeren Beziehung zu Gott ausgeschlossen wurden (Zöllner, Huren, Kranke).

Jesus bezeichnet sich selbst als Arzt. Die Menschen nennen ihn Heiland. Er ist von Grund auf ein Heilender. Wo er auftritt, ist Wandlung, Gesundung, Heilung an Leib und Seele möglich. Er geht zielgerade auf das Inwendige zu. Er erkennt, was Schein oder Anschein ist. „Er wusste wohl, was im Menschen war.“ Anamnese und Exploration sind bei ihm eins. Er verfügt über hellsichtige Intuition. Es geht nicht ohne Katharsis, ohne Reinigung. Er überzeugt durch Wort und Wirkung. Er selbst *ist* die Medizin, die er spendet, die zu erklären ist durch seine Menschlichkeit und die enge Verbindung zum Schöpfer, zum Abba – Vater. Heilung bedeutet ja immer auch, dass die Beziehung zum Ursprung des Lebens – also zu Gott – wieder hergestellt wird. Die Gottesferne oder Entfremdung von Gott wird aufgehoben. Jesu Frage „Willst du gesund werden?" (Johannes 5,6) erfordert ein eindeutiges Ja als Antwort. Dieses Ja des Kranken ermutigt, aus jeder Art von Lethargie oder Krankheitsgewinn herauszukommen. „Bittet, suchet, klopfet an! Es wird euch geholfen werden!" Das besagt auch: Hört auf, euch selbst zu bemitleiden oder mit eurem Leiden andere unter Druck zu setzen. Jesus appelliert im Gespräch an den Wandlungswillen und an die Bereitschaft des Menschen, sich selbst ungeschminkt zu begegnen, die Wahrheit über sich selbst zu akzeptieren, Buße zu tun und sich von der alles überbietenden Liebe Gottes zurechtbringen, retten und heilen zu lassen.

Schauen wir auf die Begegnung der Samariterin mit Jesus am Jakobsbrunnen (Johannes 4): Jesus ist müde, er rastet am Brunnen. Eine Frau aus Samaria kommt, um Wasser zu schöpfen. Dabei entwickelt sich ein Gespräch, in dessen Verlauf Jesus sie nach ihren verschiedenen Männern fragt. Die Frau hatte bereits viele Beziehungen zu Männern gehabt, doch nie eine wirklich beglückende. Auch der jetzige Mann war nicht der „Richtige". Das Gespräch ist so angelegt, dass die Frau erkennt, dass ihre bisherigen Versuche, Liebe und Zuwendung zu finden, ungenügend waren. Sie musste zuerst „heilsam" enttäuscht sein, damit sie Jesu Botschaft von dem großen Glück erkennen konnte. Jesus signalisiert ihr, dass jetzt die Zeit da ist, vom Glück des Glaubens an Gott zu sprechen. Er bietet sich dabei quasi selbst an, indem er sich als das „lebendige Wasser" bezeichnet, das jeden Durst in der Tiefe stillt.

Es ist eine Erzählung für Menschen, die auf dem Glaubensweg sind, die Leben suchen, die Gott suchen, die sich nach Liebe und Glück sehnen. Für Menschen, die vielleicht im ganz normalen Alltag aufgehen und die doch auf der Suche nach mehr sind, nach Sinn und letzter Erfüllung. Die Samariterin wurde durch die Begegnung mit Jesus verändert und zur Wahrheit ihres Lebens und damit in eine neue Beziehung zu Gott geführt.

Ganz ähnlich ist es bei Zachäus, dem Zöllner (Lukas 19): Er erlebt, dass Jesus seine Freundschaft sucht und ihm, dem gesellschaftlich Isolierten, überraschend Vertrauen entgegenbringt. Zachäus steht für den Menschen, der im Zwiespalt ist zwischen beruflich-wirtschaftlichen Bezugssystemen und dem Anliegen der Mitmenschlichkeit. Der Zöllner erlebt die befreiende Zuwendung, indem Jesus ihn anspricht, ihn, einen Außenseiter, der das Leben anderer und damit sein eigenes Leben zerstört. Er ist ausgestoßen, schließt sich aber zugleich selbst aus. Er ist in sich gefangen. Das Geheimnis der heilsamen Ansprache Jesu liegt darin, dass er diesem Zachäus in erstaunlicher Unbefangenheit begegnet und ihm etwas zutraut, was er selbst und kein anderer ihm mehr zutrauen würde. Durch das Wort, das ihm Freundschaft anbietet, und durch die Selbsteinladung Jesu ins Haus des Zachäus wird bei diesem ein Prozess des Vertrauens in Gang gesetzt, Heilung seiner Zerrissenheit. Jesus trifft ihn an seinem Lebensnerv. Bisher musste er seine Schuld immer überspielen, nun kann sie benannt, vergeben und wieder gut gemacht werden. Durch das überraschende Angesprochenwerden des in der Isolation Gefangenen hat die Schuld, die bisher sein Ich spaltete, keine zerstörerische Macht mehr. Eine veränderte Einstellung, ein Leben in Einheit und Ganzheit („whole“) wird ermöglicht. „Heute ist diesem Hause Heil widerfahren“ (Lukas 19,9). In Gottes Namen wird Vergebung zugesprochen, Umkehr ermöglicht und eine neue Gottesbeziehung gestiftet. Zachäus wird in die Gemeinschaft der Kinder

Gottes zurück geführt und ausdrücklich als Sohn des Erzvaters Abrahams benannt und gewürdigt: „Denn auch er ist Abrahams Sohn.“

Das gute und heilsame seelsorgerliche Gespräch ist daran erkennbar, dass es dem Angesprochenen Raum gibt, sich selbst ohne Verurteilung anzuschauen. Der Seelsorger bringt dem Gesprächspartner soviel annehmende Vorgabe entgegen, dass dieser ohne Druck die falsch gestellten Weichen in seinem Leben entdecken und neue Wege beschreiten kann. Im Mut machenden Zutrauen eines anderen wird ein menschliches Leben mit allem Unwiderruflichen und Zerstörerischen wieder neu und verheißungsvoll. Ganzheitliche Seelsorge ist also nicht nur Lebenshilfe, sondern auch Glaubens- und Erkenntnishilfe. Es geht um ein Ergreifen aus Ergriffenheit, ergriffen von der Treue Gottes, die den Menschen im Namen Jesu in der Flüchtigkeit seines Lebens erreicht und festhält. Glaube ermöglicht ein ergreifendes und eingreifendes Verändern von scheinbar starren Positionen und führt zu einer neuen Selbsterkenntnis aus der Kraft der Gotteserkenntnis.

Die Liebe hat heilende Kraft

Aus allem bisher Gesagten geht hervor, dass Seelsorge mehr und etwas anderes ist als eine erlernbare Technik der Gesprächsführung. Es geht um eine zutiefst menschliche Grundhaltung, die in einer heilsamen Sprache Gestalt annimmt. Krankenseelsorge ist nicht möglich ohne liebevolle Hin-Wendung zum Kranken. Ohne Liebe, Geduld, Zeit und die Bereitschaft, ein Stück Weges mitzugehen, geht es nicht. Mit dem Auftrag Jesu im Neuen Testament an seine Freunde und Weggenossen: „Heilt Kranke!“ (Griech.: „therapeuete“) (Matthäus 10,8) ist vor allen Dingen liebevolle und achtsame Zuwendung gemeint. Kranke werden in einen anderen Raum der Liebe gestellt, dass sie anders schauen, anders fühlen können. Das wirkt sich körperlich aus. Die Liebe hat heilende Kraft. Alle, die mit Kranken im Gespräch sind, wirken so im tiefsten Sinne heilend, wenn sie mit dieser liebevollen Grundhaltung sich dem Kranken nähern. Für den Kranken ist es lebensnotwendig, sich mit Menschen zusammen zu tun, die ihm helfen, sich angenommen und geliebt zu fühlen.

Nur Worte, die durch Sein und Tat in einem Menschenleben abgedeckt sind, können heilend auf andere wirken. In diesem Sinn spricht auch *Jörg Zink* davon, dass wir einander als Person mit unserem Sein zum Wort werden können:

Du kannst in einer bestimmten Stunde und für bestimmte Menschen zu einem Wort werden oder doch wenigstens in die Nähe dessen kommen, was an dir Wort wäre. Ein Wort sein, das kann so aussehen, dass ein Mensch durch dich und das, was du ihm sagst, ermutigt wird, dass er Trost findet, dass er ein Stück Freiheit findet, dass er seinen Schritt in der nächsten Stunde mit mehr Vertrauen setzt. Wenn du zu einem Wort geworden bist, dann gehen Liebe und Klarheit, Vertrauen und Zuversicht aus von dir für jeweils den Menschen in deiner Nähe, der ohne ein solches Wort an seinem Leben und Schicksal verzagte. Und vielleicht begegnet dir in einer guten Stunde auch selbst ein Mensch, von dem du empfindest: was der mir sagt, kommt weiter her als nur von diesem Menschen. Er ist – für mich – das Wort, das mich meint.[24]

Um die Rose in sich aufblühen zu lassen,
braucht der Mensch es,
gehalten, umarmt, körperlich wahrgenommen
zu werden.

5 Heilende Berührung

Worte können helfen, Worte können heilen – doch ebenso können Worte Distanz schaffen, entzweien, befremden, verletzen. Wo Schweigen eingetreten ist und Worte versagen, kann nonverbale Kommunikation weiterhelfen: Blicke, Gesten, Körpersprache in all ihren Formen.

Die direkteste und einfachste mitmenschliche Ausdrucksweise ist die Berührung. Das Erste, was ein Mensch erfährt, wenn er auf die Welt kommt, ist Berührung. Dieses Erleben, von Händen aufgefangen und angenommen zu werden, hilft dem Kind, nach dem Hinausgeworfenwerden aus der Wärme und der Geborgenheit des Mutterleibes, sein Leben voll Vertrauen zu beginnen. So ist der Wunsch nach Berührtwerden und Berühren ein Grundbedürfnis des Menschen. Wir brauchen Berührung, sehnen uns nach einer warmen menschlichen Hand.

Anfang der Neunzigerjahre wurde ein Experiment in einer Säuglingsklinik in Kalifornien durchgeführt. In der einen Abteilung der Intensivstation des Stanford-Krankenhauses wurden die Babys in traditioneller Weise behandelt, in einer anderen Abteilung wurde eine Schwester dazu freigestellt, den Kindern die Hände aufzulegen oder ihre Haut sanft zu streicheln. Nachweislich entwickelten sich die so behandelten Kinder besser und wurden bei Krankheit schneller gesund. Umgekehrt ist zu sagen: Fehlt den Babys die Erfahrung, oft und gern liebevoll berührt zu werden, so hemmt es ihre normale Entwicklung. In einer Londoner Klinik hat die Therapeutin Susann Mumford Experimente mit Affenbabys durchgeführt. Der Wunsch nach weicher und warmer Berührung wurde auch hier deutlich, indem die Affen Mutterattrappen suchten, die sich kuschelig anfühlten. Die Drahtattrappen wurden dagegen abgelehnt.

Heute ist es in jeder Frühgeburtenabteilung bekannt, dass es ungeheuer wichtig ist, den zu früh geborenen Babys Berührung durch Eltern oder Pflegepersonen zuteil werden zu lassen. Die liebevolle Berührung hat eine direkte positive Auswirkung auf den gesamten Stoffwechsel der Säuglinge, sodass sie viel schneller entwicklungsbedingte Defizite aufholen. Im Touch Research Institute in Miami nahmen Frühgeborene, die täglich drei liebevolle Massagen erhielten, um durchschnittlich 47% schneller zu und konnten wesentlich früher nach Hause entlassen werden. In vielen Kliniken wird inzwischen auf der Frühgeborenen-Intensivstation das so genannte „Känguru-ing" durchgeführt[25]: Sobald das zu früh geborene Baby stabil genug ist, wird es täglich der Mutter für eine gewisse Zeit auf die Brust gelegt. Es spürt Herzschlag und Atmung der Mutter, beides ist ihm vertraut aus der Zeit vor der Geburt. Auch Väter können ihrem „Frühchen" diese Nähe und Möglichkeit des Vertrautwerdens geben, bei Überforderung der Eltern praktizieren auch Krankenschwestern das Känguruing. Auf das Frühgeborene wirkt sich das lebens- und entwicklungsfördernd aus.

Wir alle wissen und haben es selbst erlebt, wie viel Trost es gibt, wenn ein Kind, das sich wehgetan hat, von Mutter oder Vater auf den Arm genommen wird. Eine meiner Töchter, Mutter zweier Söhne, erzählt von ihren Erfahrungen mit heilsamer Berührung:

- Ich bin bei meinem weinenden Kind und schaffe einen Raum von Geborgensein. Atmosphärisch umhülle und schütze ich es mit den Gedanken: Ich bin bei dir, ich helfe dir jetzt.
- Je nach Verletzung lege ich eine Hand über oder dicht neben die Körperstelle, die wehtut, meine andere Hand halte ich dagegen, wie wenn ich einen Ball in Händen halten würde. Meist tut es gut, wenn der Druck meiner Hände etwas fester ist als das beim Streicheln der Fall wäre.
- Ich atme ruhig und gleichmäßig und konzentriere mich ganz auf das Kind in liebender und gebender Weise. So schaffe ich mir einen emotionalen Zugang zu ihm, auch zu seinem Schmerz. Ich stelle mir vor, dass durch die grobe Einwirkung auf den Körper meines Kindes kleine Energieteilchen aus dem Gleichgewicht geraten sind, die durch meinen ruhig fließenden Atem selbst wieder in einen harmonischen Fluss kommen. Bei Quetschungen tut auch vorsichtiges Wegpusten des Schmerzes gut, dabei achte ich darauf, dass ich nicht aus meinem ruhigen Atemrhythmus komme.
- Ich löse meine Hände von der schmerzenden Stelle und stelle einen Bezug zum ganzen Körper und damit zum ganzen Wesen meines Kindes her, indem ich mein Kind langsam und zärtlich streichle – von der Verletzung ausgehend, den Körper entlang. So streichle ich den Schmerz gleichsam hinweg.
- Zunehmend entlasse ich das Kind aus meiner Umhüllung, drücke es hier und da noch ein wenig, gebe ihm vielleicht einen Kuss und platziere es schließlich mit etwas Bestimmtheit so, dass es sich gut aufgehoben fühlt.
- Ich lasse ihm die Möglichkeit, in meiner Nähe zu bleiben und lenke durch Sprechen oder durch mein Tun seine Gedanken auf etwas Neues.

> Wichtig ist es, mir selbst zuzutrauen, dass ich heilsam auf mein Kind einwirken kann. Das hilft mir, die Gesamtsituation intuitiv richtig einzuschätzen, das Kind liebevoll zu verstehen und mit Ruhe und Gelassenheit dem Schmerz entgegenzutreten, selbst in den Fällen (z.B. Platzwunde), in denen dennoch ein Arzt aufgesucht werden muss. (Claudia Goes)

Umarmt und gehalten zu werden ist ein Urbedürfnis und besteht auch beim erwachsenen Menschen. Wir brauchen nährende, haltende Beziehungen, in denen Zuwendung, Kraft und Mitgefühl wechselseitig fließen können. Gehalten werden, umarmt und gestreichelt zu werden ist lebensnotwendig. Wer keinen Körperkontakt erleben kann, verkümmert, fühlt sich frustriert, unwohl, einsam, nicht wahrgenommen. Berührung gibt dagegen das Gefühl, angenommen zu sein. Ohne Berührung ziehen wir uns auf uns selbst zurück. Wenn der direkte Kontakt von Mensch zu Mensch gemieden wird, schwindet das Spürbewusstsein für die Gefühle des anderen, wächst Unachtsamkeit und Gewaltbereitschaft. Wem nicht erlaubt wird, sich in seiner Haut zu spüren und sich in ihr wohl zu fühlen, kann sich so frustriert fühlen, dass er möglicherweise sogar gewalttätig wird und somit Aufmerksamkeit erzwingt.

Eine einfühlende, berührende Hand meint den anderen ganz direkt, nimmt ihn vertrauensvoll an, tritt in lebendigen Kontakt zu ihm und wendet sich ihm vertrauensvoll zu. Das kann ein zur Stimulierung der Haut entwickeltes „Gummi-Noppen-Gerät“ nicht leisten, weil es nicht in gleicher Weise auf Empfindungen reagieren kann, wie die menschliche Hand. In der arabischen Sprache heißt das entsprechende Wort für „berühren“ „massa“. Davon ist das bekannte Wort „Massage“ abgeleitet, das direkt benennt, was der eigentliche Wesenskern der Massage ist: „Berührung“.[26] Durch die Hände des/der Massierenden wird ein intensiver Kontakt hergestellt, der Vertrauen, Beruhigung und seelische Entspannung hervorbringt. Die Hand als Ursymbol menschlicher Kontaktfähigkeit kann Sympathie und damit auch Energie übertragen. Was ein liebevolles Streicheln, die Berührung oder das Handauflegen bei Kranken, ja selbst nur ein Händedruck bewirken kann, das weiß jeder von uns aus eigener Erfahrung. Massage ist eine wunderschöne Methode, die auf Geber und Empfänger heilsam wirkt. Massage ist mehr als eine Abfolge von Griffen. Sie lockert Muskeln und Gewebe, fördert die Durchblutung, stimuliert den Kreislauf und wirkt somit positiv auf Stoffwechsel und Entschlackung. Der Massierende bringt sich selbst ein, durch Wärme, Einfühlungsvermögen, Feingefühl. Eine so beseelte Massage macht den Menschen fähig, die Sinne zu öffnen, neue Kreativität zu entfalten und bei sich selbst anzukommen. Massage als Sprache der Hände ist eine Kombination aus Intuition und Herzenswärme, Energie strömt. Das Streichen oder der Druck auf die unter der Haut liegenden Muskeln und Energiebahnen wirkt anregend oder besänftigend. Es hilft, tief liegende Schichten von Stress zu lösen und kann so zu einem Wohlgefühl und zu Ausgeglichenheit führen. Selbstheilungskräfte werden freigesetzt, die Lebensenergie kann wieder fließen.

In Indien, China und Japan gilt Massage seit vielen Jahrhunderten als Bestandteil medizinischer Heilkunst. In Indien ist es zum Beispiel nicht ungewöhnlich, dass Kinder ihren kranken Eltern die Beine massieren. Auch hierzulande wird Massage zunehmend mehr bei Zivilisationskrankheiten, sowie in der Präventions- und Rehabilitationstherapie eingesetzt.[27]

Auf 1,7 m^2 leitet die Haut Reize von mehr als 5 Millionen Sinneszellen weiter. Wohlige Berührungen lösen eine ganze Kaskade von Botenstoff-Reaktionen aus, die das Immunsystem stärken und Stress abbauen. Dean Ornish, Herzmediziner aus Sausalito/Kalifornien, rät in der ihm eigenen saloppen Sprache: „Klopfen Sie jemandem auf den Rücken, wenn er gute Arbeit geleistet hat. Leisten Sie sich eine Massage oder eine Maniküre. Halten Sie die Hand eines geliebten Menschen – und vergessen Sie das Küssen nicht!"[28]

Ich hatte das Glück, bei einem exzellenten Schweizer Therapeuten ein Diplom im Bereich der Klassischen Körpermassage zu erwerben. Dabei prägte sich in mir die Erfahrung, dass Massage niemals wehtun darf, tief ein. *Massage ist nicht gleich Massage!* Immer wenn Massage Schmerzen bereitet, verkrampft sich der Körper, wird ein Strömen des Lebensflusses behindert und somit der heilende Effekt der Behandlung blockiert. Es gibt Menschen, die der Meinung sind: Je schmerzhafter und härter die Hand des Masseurs zulange, umso wirkungsvoller sei die Massage gewesen. Brechen Sie ab, wenn Sie Schmerzen verspüren. Der Schaden ist größer als der Gewinn. Massage soll Freude und Entspannung bringen. Unser Körper spürt, wenn die Streich-, Knet- und Klopfbewegungen angenehm wirken und wohltuend strömende Gefühle in Gang bringen. Eine gute Massage ist wie ein Spiel auf einem kostbaren Instrument. Fühlen wir uns überreizt, wirkt sie beruhigend, fühlen wir uns zerschlagen, wirkt sie belebend. Dennoch sollte im Auge behalten werden: Massage ist kein Allheilmittel. Langfristige und akute Beschwerden bedürfen ärztlicher Diagnose und Hilfe. Doch zur Regeneration und Vorbeugung kann sie wesentlich beitragen. In einer Welt, die von Reizen überflutet und an echten sinnlichen, individuellen Eindrücken ärmer wird, können wir durch Massage die Verbindung zu unserem Körper bewahren. Wir gewinnen Bodenhaftung, werden ge-erdet, was ich als wichtigen Gegenpol zu unserer „verkopften" Lebensweise ansehe. In einem Großraumbüro begegne ich vielen Gesichtern, die alle mit demselben starren Blick auf die Monitore der Computer ausgerichtet sind. Alle Anspannung läuft einseitig über Kopf, Verstand, logisches Denken. Umso deutlicher müssen Gegenakzente gesetzt werden, die alle Sinne und den ganzen Körper einbeziehen. Nicht umsonst werden seit einiger Zeit in japanischen Schulen und in amerikanischen Großbetrieben Körpertherapeut/Innen eingestellt, die durch ihr Angebot das Kopflastige der Arbeit wieder ins Gleichgewicht zu bringen versuchen und durch gezielte Massagen Körper und Geist neu beleben.

Neben der Klassischen Massage habe ich als für mich besonders gesundheitsförderlich und das Immunsystem stimulierend empfunden:

- Lymphdrainage
- Shiatsu
- Touch for health

Die *Lymphdrainage* ist eine sanfte Streichmassage, um Lymphstauungen zu beseitigen. Dadurch werden Flüssigkeitsansammlungen im Bereich des Lymphgewebes abgeleitet oder vermieden. [29]

Shiatsu kommt aus Japan. Dieser Methode liegt die Theorie zugrunde, dass die Lebenskraft in Meridianen, die jeweils mit bestimmten Organen verbunden sind, durch den ganzen Körper fließt. Die Energieströme werden durch Druck und Berührung bestimmter Energiepunkte in Fluss gebracht. Somit ist das geradezu eine ideale Behandlungsmethode für Menschen, die unter Ermüdung und Erschöpfung leiden. Sie hilft aber auch bei Schmerzen, die durch Fehlhaltungen hervorgerufen werden.

Die *„touch for health"-Methode* basiert auf der Vorstellung, dass 12 im Körper vorhandene Akupunktur-Meridiane mit einem bestimmten Gefühlszustand korrespondieren. Negative Gefühle (wie Enttäuschung, Wut, Hass, Eifersucht) verringern den Fluss der Lebensenergie, positive Gefühle (wie Liebe, Glaube, Mut, Freude) erhöhen ihn, sodass blockierte Lebensenergie freigesetzt wird. Mithilfe eines Muskeltests lässt sich das jeweilige Niveau der Lebensenergie bestimmen sowie störende psychologische Faktoren feststellen und durch spezielle Berührungen und Affirmationen behandeln. Dasselbe gilt für physiologische Störfaktoren.[30] Gerda Boyesen und Alexander Lowen entwickelten bioenergetische Behandlungsmethoden bei Muskelverspannungen, Störungen des Energieflusses und emotionalen Blockaden. Sie entwickelten eine Methode, über den Körper die Seele zu heilen und setzten ihre Theorie direkt um in angewandte Massage und Gesprächstherapie. Boyesen und Lowen machten dabei die Erfahrung, dass der „Atem der Seele“ wieder strömen konnte und Körper und Seele von belastenden Gefühlen befreit wurden.[31]

Das Geheimnis der heilenden Berührung liegt letztendlich im „Streicheln der Seele“, im Beleuchten und Akzeptieren ihrer Schatten und Narben. Manchem fällt es schwerer, etwas anzunehmen als etwas zu geben: Zu nah kommt ihm der andere, zu ausgeliefert fühlt er sich, zu sehr mit verdrängten Gefühlen konfrontiert, die automatisch aufsteigen, wenn sie aus dem „Muskelpanzer“ herausgestreichelt werden. Solche Menschen haben gelernt, dass es Liebe und Zuneigung nur als Gegenleistung gibt. Es verunsichert sie zutiefst, wenn sie einfach daliegen und empfangen dürfen, sollen. Der heilsame Schritt ist: loszulassen, sich hinzugeben. Durch Verständigung ohne Worte, durch Körperkommunikation, wird vielleicht eine Brücke gebaut, die hilft, den anderen zu akzeptieren, wie er ist. Der Weg ist das Ziel. Darum gehen gute Massagen „unter die Haut“ – eine schöne Methode, Vertrauen zu schaffen.

Lob der Zärtlichkeit

Zärtlichkeit ist ein Weg zum anderen und damit auch zu sich selbst, weil die Grundintention von Berührung auch ohne professionelle Ausbildung möglich ist und in guten Beziehungen ganz selbstverständlich und natürlich geschieht.

Der oft angewandte Spruch „Noli me tangere! – Berühre mich nicht!“ ist Ausdruck vielfältiger Berührungsängste. In Museen mag das Verbot „Bitte nicht berühren“ durchaus berechtigt sein. Im zwischenmenschlichen Bereich setze ich dagegen: „Bitte berühren!“ Berührung bestätigt, stärkt, heilt. Es ist erwiesen, dass selbst in einer beruflichen oder geschäftlichen Beziehung z.B. das leise Antippen der Schulter des Kollegen eine gelöstere Atmosphäre herstellt. Auch mitten in einer Auseinandersetzung kann Berührung dem Partner sagen, dass es Wichtigeres gibt als den Grund der Auseinandersetzung. Berührung bestätigt, gibt neue Hoffnung. Berührung sagt erneut Ja zum anderen, zum Leben, und stellt wieder Verbundenheit her. Die Umarmung eines Freundes oder einer Freundin drückt ohne Worte aus: „Wie schön, dass es dich gibt!“ oder „Das hast du gut gemacht“ oder „Es ist wunderbar, dass wir zusammen sind.“

Wo aber Berührung selbstbezogen und fordernd ist, wirkt sie schädlich. Der so Berührte wird dann als Mittel zum Zweck benutzt, was ihn verletzt und was seine Person in ihrer Eigenwürde missachtet. Von dieser missbräuchlichen Form ist hier nicht die Rede.

Eva-Gesine Bauer hat in ihrer Studie zur Psychologie der Berührung festgestellt, dass kaum jemand dem Drang widerstehen kann, einem Baby zärtlich über den Kopf zu streicheln. Ebenfalls gehört meist eine zarte Berührung dazu, wenn wir von einem geliebten Menschen Abschied nehmen. Weiter berichtet sie, dass durch zärtlich-therapeutische Berührung Alzheimer-Patienten oft weniger vergesslich sind, dass Parkinson-Kranke ruhiger werden, dass Schmerz weniger empfunden wird. „Dieses Berühren ist gerade bei kranken, alten und verwirrten Menschen ein Ersatz für verbale Kommunikation. Sie erfahren, dass Kommunikation auch auf einer anderen Ebene stattfinden kann.“[32]

Während bei Kindern das Bedürfnis nach Gestreicheltwerden und das Erwidern dieses Wunsches durch die Eltern in guten Eltern-Kind-Beziehungen meist selbstverständlich ist, befinden sich ältere Leute in einer weniger günstigen Situation. Ihr Hunger nach Berührung bleibt sehr oft ungestillt. Ich kenne eine ältere Dame, die mir ganz offen erzählte, dass sie sich immer wieder von ihrem Arzt Massagen verschreiben lässt, um überhaupt von jemandem berührt zu werden. Warum geht man heutzutage dazu über, in Altersheimen Haustiere zu erlauben oder sogar extra einen „Altersheim-Hund" zu halten, der durch sein Aussehen zum Streicheln auffordert und den alten Menschen „erlaubte" Berührung zugesteht? Auch hier wird nach Wegen gesucht, diesem völlig natürlichen Wunsch nach Zärtlichkeit zu entsprechen. Ich stimme vorbehaltlos der Feststellung von Ruth C. Cohn zu: „Hände, die nicht streicheln dürfen, erstarren!"

Nach einem Vortrag des Autors Ulrich Schaffer kaufte ich mir spontan eines seiner Bücher und bat ihn, das Buch zu signieren. Einen kurzen Moment lang schaute er mich intensiv an, dann schrieb er in mein Buch den Satz „Ich wünsche Ihnen Zärtlichkeit als Lebensstil." Intuitiv traf er mit diesem Wunsch genau meine Gedanken und Vorstellungen einer Lebensvision: eine neue, andere Zärtlichkeit, die da heißt, sich der Natur, den Pflanzen und Tieren zu öffnen, sich den Mitmenschen gegenüber, ihren Gedanken und Ideen zu öffnen, sich schonend und gewaltfrei dem anderen zu nähern; diese Zärtlichkeit ist es, die ich mir für mich und meine Umwelt wünsche. Berühren und mich berühren lassen – nicht nur von Menschen, sondern auch von Musik, Gedichten und Bildern. Trotz aller Unzulänglichkeit möchte ich mich mutig dem Leben zuwenden, denn Mut gehört zu dieser neuen Zärtlichkeit als Lebensstil. „Doch wer den Mut aufbringt, wer das Risiko eingeht, der kann erfahren, dass ihm gleichsam Flügel wachsen, wie er Mauern einreißt, Grenzen überwindet, Neues entdeckt und erlebt."[33]

Wer Zärtlichkeit annimmt, der gibt, und indem er gibt, empfängt er vom anderen. Jeder Mensch, mit dem wir in Beziehung treten, gibt uns eine Bedeutung und deutet in der Art, wie er uns begegnet, unsere Existenz. Zärtlichkeit als Lebensstil heißt also nicht nur Streicheln oder Berühren. Zärtlichkeit setzt immer ein sich Einfühlen und Verstehen voraus. Dazu muss ich den anderen hören, Zwischentöne wahrnehmen. Zuhören, dazu gehört auch das Wahrnehmen nonverbaler Signale, ist die Quelle menschlicher Zärtlichkeit. So kann ich erkennen, was den anderen schmerzt, was ihn freut und was ihm gut tut. Damit rückt gegenseitige Zärtlichkeit weit weg von der Vorstellung einer Tauschware. Es setzt achtsamen Umgang mit der Person des anderen voraus, echtes Interesse an ihm, unaufdringliche Anteilnahme. Zärtlichkeit ist ein Geschenk der Intuition.

Gott – der Ursprung der Zärtlichkeit

Wenn Zuhören und Annehmen Voraussetzung für die Kunst der Zärtlichkeit ist, dann offenbart sich Gott in erster Linie als Ursprung von Zärtlichkeit, weil er ein uns zuhörender und uns annehmender „Vater der Liebe" (Goethe) ist. „Solange nicht auch wir einander und im anderen Gott zuhören lernen, bleibt Zärtlichkeit nur Konsumartikel." (Kurt Marti)

Zärtlichkeit

Man muss ein Liebender sein
Und kein Begehrender,
wenn man mit anderen Menschen
Zärtlichkeiten austauscht.
Wer immer einen Menschen liebt,
der gerät in das Kraftfeld Gottes.
Jesus war zärtlich:
Er liebte seine Eltern,
um Lazarus weinte er.

Johannes ruhte an seiner Brust,
seinen Jüngern wusch er die Füße.
Kinder herzte er,
Kranke berührte er liebevoll.
Tote nahm er bei der Hand
Und führte sie ins Leben.
Er nahm auch gerne Zärtlichkeiten entgegen,
Maria Magdalena salbte und küsste ihn.

P. Hans Wallhof

Im Neuen Testament finden wir mehrere Berichte, in denen Jesus einem Menschen die Hände auflegt, um ihn zu heilen. Der Evangelist Lukas erzählt (Lukas 13,10-17) von einer seit 18 Jahren erkrankten Frau, die keine Lebenskraft und auch keinen Lebensmut mehr hat. Jesus sieht sie, als er gerade am Sabbat in der Synagoge lehrt. Er spürt in ihr einen Geist der Kraftlosigkeit, einen Geist der Gedrücktheit, der Depression, welcher sich somatisch in ihrem gekrümmten Rücken niedergeschlagen hat. Er fordert die Frau auf, zu ihm zu kommen, was sie auch voll Vertrauen in die Tat umsetzt. Jesu Einladung ist so stark, dass sie es sogar wagt, sich in aller Öffentlichkeit und für alle sichtbar, mit ihrem krummen Rücken nach vorn zu begeben, obwohl das Gewohnheitsrecht nur den Pharisäern, also Männern, dort einen Platz einräumte. Sie steht vor Jesus. Er legt seine Hand auf sie, berührt ihren krummen Rücken und sagt zu ihr: „Sei von deiner Schwachheit frei!" Sie richtet sich auf und preist Gott.

Zwei Dinge sind es, die heilend wirkten. Die bisher Übersehene wird aus der Anonymität herausgerufen, wird von allen wahrgenommen, wird wichtig, sogar in ihrer Schwachheit ernst genommen. Auf einmal bekommt sie Beachtung, Bedeutung und Würde. Die andere heilende Zeichenhandlung ist die liebevolle Berührung des kranken

Rückens. Jesus spricht das Gesunde der Frau an. Mit seiner Berührung zeigt er ihr, dass er sie mit der göttlichen Energie in Verbindung bringen will. Seine Hände sagen ihr, dass sie wertvoll ist, dass er sie achtet. Sie sagen ihr: Nimm wahr, dass du zum aufrechten Menschen bestimmt bist, denn in dir ist eine unantastbare Würde. Aufrecht steht sie vor Jesus. Zum ersten Mal seit 18 Jahren sieht sie einem Menschen wieder direkt in die Augen. Zum ersten Mal geht über ihr buchstäblich der Himmel auf. Schön ist sie in ihrer ganzen Größe, wie sie aufrecht dasteht. Ihr Körper wird zu einem einzigen Ausdruck des Dankes an Gott, der sie mit einer berührenden Hand geheilt hat. Die Heilungsgeschichte von der gekrümmten Frau könnte ein Bild sein für unseren Umgang miteinander. Wir sollten einander so begegnen, so aufeinander hören und miteinander sprechen, uns so berühren und berühren lassen, uns gegenseitig den Rücken stärken, dass es im Gegenüber weit wird, dass der andere Mensch sich aufrichtet und seine eigene, oft missachtete Würde wieder findet.

Liebevoller, zärtlicher, ganzheitlicher Umgang zwischen den Menschen ist Therapie, ist viel mehr als nur die Behandlung kranker Organe. Das griechische Wort für „heilen“ – „therapeuein“ bedeutet: Über längere Zeit mitgehen, was nicht ohne Herzenswärme, Zuwendung und Geduld geht. Liebevolles Umsorgen fördert die Heilung des ganzen Menschen an Leib und Seele. So wie Jesus der gekrümmten Frau in der Synagoge einen Ehrenplatz gegeben hat, so werden durch achtsames Umsorgtsein Kranke in einen anderen Raum der Liebe gestellt. Auf einmal kann der Kranke anders schauen, anders fühlen. Wo Jesu Liebe durch Menschen einen Kranken berührt, geschieht ein Herrschaftswechsel. Kräfte, die niederziehen, weichen. Liebevolle Zärtlichkeit und pflegende Achtsamkeit schenken Geborgenheit und haben heilende Wirkung. Eine Klinikpatientin sagte einmal: „Wie gut, dass sich auch jemand seelisch um mich kümmert, ein Stück Dunkel auf meinem

Weg mit trägt.“ Zu einer Kultur der achtsamen Zuwendung gehört Fantasie! Es gilt, Zeichen zu finden, wie Blickkontakt aufnehmen, Streicheln, die Hand des anderen erfassen, vielleicht den anderen spontan umarmen, einfach mit der Geistesgegenwart Gottes präsent sein.

Alles Gesagte wird in einem affirmativen Segensspruch zusammengefasst, der den Zuspruch des Evangeliums in liturgischer Weise zum Ausdruck bringt und den Menschen in seiner ganzen Körperlichkeit einbezieht:

Der Mensch gewordene Gott segne dir deine Hände,
mit denen du zärtlich liebkosen und Versöhnung
bekräftigen kannst und die nicht festhalten,
was du in Fülle hast und teilen kannst.
Er segne deine Füße, die dich auf den Weg bringen
Zu dem, was wichtig ist, und die nicht stehen
Bleiben vor den Schritten, die entscheidend sind.
Er segne deinen Rücken, mit dem du aufrecht
Und aufrichtig leben kannst und der sich nicht
Beugt vor Unterdrückung, Willkür und Macht.
Er segne dein Herz, in dem viele Menschen zu
Hause sind und das nicht müde wird, Liebe zu
Üben und Schuld zu verzeihen.
So segne dich der Mensch gewordene Gott.

Jörg Zink hat sich mit einer anderen Form zärtlicher und heilender Berührung beschäftigt. Er beschreibt in sprachlich wunderschöner Weise, wie Jesus seinen Jüngern nach einer Wanderung einzeln die Füße wäscht. Die eindrucksvolle, erzählende Beschreibung ist allein schon wohltuend und heilend. Ich möchte deshalb mit diesem Text meine Gedanken und Ausführungen über die Bedeutung heilsamer Berührung für die Gesundheit abrunden, gleichsam krönen. Lassen Sie sich gleichfalls von diesen Worten berühren und zu heilsamem Tun im Sinne von Nachfolge inspirieren:

Ich sehe, wie Jesus sich vor den schmutzigen Füßen hinabbeugt und sie in die Hand nimmt und vielleicht erwacht in mir der Wunsch, ihm nachzutun und damit auf seinem Wege zu sein. Waschen, Trocknen, Massieren, Streicheln, Heilen, Salben – das alles ist Fußwaschung. Sie ist ein Gleichnis für die Hingabe eines Menschen für die Bedürfnisse eines anderen, für ein sanftes Wohltun. Die Füße sind von langen Wegen müde und die Fußwaschung wirkt nun am ganzen Menschen lindernd und erfrischend. Diese Geste nimmt die Mühe des Tages auf und sagt: Der lange Weg, den du heute gegangen bist, braucht dich nicht zu schmerzen. Der Weg, den du morgen gehst, braucht dich nicht zu ängstigen. Was Jesus an dir und für dich tut, ist eine Wohltat an Leib und Seele. Es eröffnet dir einen Raum, in dem du ruhen kannst, in dem Frieden herrscht, in dem das geschieht, was Jesus schon früher, lange vor der Passionsgeschichte gesagt hat: „Kommt her zu mir alle, die ihr mühselig und beladen seid, ich will euch erquicken." (Matthäus 11, 28)

Wenn ich der Szene zusehe, höre ich Jesus etwa folgendermaßen reden: Traut es euch zu. Ihr könnt es. Setzt euch zu den Füßen der Menschen. Hört, was sie klagen. Nehmt ihre Füße behutsam in die Hand. Sie sind müde von langen Wegen, von deren Mühsal ihr nur wenig wisst. Löst sie aus ihrer Verkrampfung, biegt sie gerade. Befreit sie von der Last, die sie getragen haben. Gebt ihnen, die gehen, laufen, eilen, tragen mussten, Ruhe und Erholung. Und wenn ihre Füße einschlafen vor Mattigkeit, dann sorgt für ihre Durchblutung, macht sie lebendig und frei. Helft den Menschen zum aufrechten Stand und zum aufrechten Gang, damit sie Kopf und Hände freihaben zu dem, was ihnen abverlangt wird. Bedenkt, dass euch in den Füßen, in ihrer Mattigkeit und Verletzbarkeit, der ganze Mensch begegnet. Massiert ihr sie, so lösen die Schlackenstoffe sich auf. Der ganze Körper wird neu durchblutet und durchatmet.[34]

Jörg Zink

Heilsame Körperübungen

– einzeln, zu zweit oder in einer Gruppe durchführbar –

„Himmel und Erde"

- Ihr Körper steht aufgerichtet zwischen Himmel und Erde, die Arme sind weit seitlich nach oben ausgestreckt, die

Hände sind geöffnet und nehmen die Sonnenstrahlen auf (Sonnengruß). Sie schauen zum Himmel und atmen dabei tief ein.

- Führen Sie Arme in der Mitte zusammen und nach unten, bis die mit Licht und Sonnenstrahlen gefüllten Hände sich in Höhe des Sonnengeflechts vor Ihrem Bauch befinden. Atmen Sie dabei tief und bewusst aus.
- Beugen Sie sich mit gestreckten Armen zum Boden, die Schale der Hände öffnet sich, die Arme gehen nach außen, Sie lassen alles los, indem Sie Ihre Arme in einer locker schwingenden Bewegung vor Ihren Beinen kreuzen und wieder öffnen. Dann sammeln Sie mit Ihren Händen durch eine Bewegung über den Boden von außen zur Mitte hin die Früchte der Erde auf.
- Langsam nehmen Sie Ihre „gefüllten" Hände wieder nach oben bis in Höhe des Sonnengeflechts, halten die Früchte dankbar in der Schale der Hände, schauen Sie an und freuen sich mit einem Lächeln an den Gaben der Erde. Geben Sie diese dann an andere weiter, indem Sie Ihre Arme ganz langsam weit nach vorne strecken. Auch Ihr Körper dehnt sich dabei nach vorn.
- Verteilen Sie Ihre Gaben in alle Richtungen an andere, indem Sie Ihren Körper aus der Hüfte heraus drehen.
- Jetzt stehen Sie wieder ganz ruhig und aufrecht da. Sie nehmen Ihre Hände wieder an den Körper heran, halten Sie in Brusthöhe und strecken dann die Arme gleichzeitig nach rechts und links aus. Die Handflächen zeigen nach oben. Nun In den Ellbogen beugen Sie beide Unterarme nach oben, Sie drehen die Handflächen so, dass sie nach vorne zeigen. Bleiben Sie in dieser Bewegung für eine kurze Zeit ruhig stehen.
- Wiederholen Sie diese Übung einige Male.

Wettermassage

Diese Partnerübung macht Spaß und verhilft zu Wohlbefinden. Der eine sitzt auf einem Stuhl und zwar so, dass sein Rücken frei ist, der andere steht hinter seinem Rücken. Der Sitzende hat seine Augen geschlossen. Günstig ist es, wenn ein Dritter die Sprecherrolle übernimmt, ansonsten ist das die Aufgabe des Stehenden.
Nun beginnt eine Fantasiereise:

„Stelle dir vor, du bist ein Land. Dein Rücken ist ein Acker am Berghang. Es ist Winter. Das Land liegt kalt und wie erstarrt da. Auf der Oberfläche lebt nichts. Das Land träumt von der wärmenden Sonne und von erquickendem Regen. Doch noch ist Stille.

Da fallen ein paar Schneeflocken. *Der stehende Partner berührt mit einzelnen Fingerkuppen sachte den Rücken des Sitzenden und wandert dabei von den Schultern bis zum Kreuz.*

Jetzt kommt ein Schneegestöber auf. *Die Fingerkuppen huschen schnell über den Rücken.*

Der Schnee legt sich als schwere Last über das ganze Land. *Die Handflächen sanft auflegen und aufdrücken.*

Da kommt ein Wind auf. *Die Handflächen fahren auf dem Rücken hin und her.*

Der Wind wird wärmer und bringt den Schnee zum Schmelzen, sodass das Wasser in Bächen zu Tal fließt. *Die Fingerkuppen fahren mit Druck den Rücken hinunter.*

Regen fällt. *Die Fingerspitzen trommeln auf den Rücken.*
Es wir Frühling, ein starker Wind kommt auf..."

So kann man durch alle Jahreszeiten führen.
Zum Schluss reißt mitten im Winter der Himmel auf, die Sonne scheint heraus und blickt fröhlich auf das Land. *Der Wettermacher beugt sich vor, umarmt das „Land" und schaut ihm ins lachende Gesicht.*

Träume nicht dein Leben –
lebe deinen Traum!

6 Die lebensgestaltende Kraft von Träumen

Jede Nacht werden wir etwa zwei Stunden lang in eine wunderbare Welt entführt, in der das Unmögliche möglich wird: Wir schweben durch endlose Räume, treffen auf Bekanntes und Unbekanntes, erleben Abenteuer, bestehen Gefahren oder gehen darin unter. Manchmal ist das Traum-Universum freundlich zu uns, manchmal quälen uns die Schatten unserer Seele. Wir wollen vor unseren Verfolgern fliehen, doch wir kommen nicht fort. Im Traum werden unsere Kleider gestohlen und wir stehen nackt vor einer johlenden Menge. Welcher Peinlichkeit sehen wir uns ausgesetzt, was ist es im wirklichen Leben, wovor wir am liebsten fliehen würden? Vieles, was bereits zum Thema Träume gesagt und geschrieben wurde, gehört teilweise ins Reich der Spekulationen. Vieles aber ist wahr.

Durch die moderne Schlafforschung wurde nachgewiesen, dass die meisten Schlafenden mehrmals in einer Nacht träumen, und zwar während der REM-Phasen. Wissenschaftler entdeckten, dass Schlafende die Augen hin und her bewegen, wie wenn sie einem Tennisspiel zuschauen würden, während sie lebhaft träumten. Daher stammt der Ausdruck REM-Schlaf, „Rapid Eye Movement" – „schnelle Augenbewegung". Diese Schlafphasen treten alle 90-100 Minuten auf und dauern bis zu einer Stunde. Dabei nimmt die Durchblutung des Gehirns zu, Herz- und Atemfrequenz, Puls und Blutdruck sind äußerst unregelmäßig. Das ganze vegetative Nervensystem ist stark beansprucht. Die Skelettmuskulatur bleibt jedoch fast völlig erschlafft. Wenn Menschen im Abklingen dieser Phase geweckt wurden, konnten sie jedes Mal sehr genau von einem gerade erlebten Traum berichten. Wurden sie dagegen auf dem Höhepunkt des REM-Schlafs regelmäßig geweckt, so wussten sie das meistens am anderen Morgen nicht mehr, gaben jedoch an, schlecht geschlafen zu haben. Sie wurden mit der Zeit nervös oder depressiv, weil es ihnen durch die ständige Unterbrechung der Träume verwehrt war, erlebtes Tagesgeschehen im Traum zu verarbeiten. Der Traum hat also eine entlastende Funktion.

Viele Leute behaupten, nie zu träumen. In Wirklichkeit ist es so, dass sie ihre Träume beim Aufwachen bereits wieder vergessen haben. Andere sagen, dass sie sich zwar an Teile eines Traumes oder auch an ganze Träume erinnern, wobei ihnen der Trauminhalt sehr konfus, ja sinnlos erscheint. Wir alle erinnern uns wahrscheinlich an Träume, die so schön waren, dass wir gar nicht daraus erwachen wollten, und genauso auch an Träume, in denen das Wachwerden Rettung aus höchster Not bedeutete. Ein Mathematikprofessor erinnerte sich an einen Traum, in dem er selbst eine Mathematikarbeit schreiben musste, deren Aufgaben unlösbar waren. Schweißgebadet wachte er auf, noch ganz angefüllt vom Gefühl des Versagens. Erleichtert stellte er fest: Welch ein Glück, es war nur ein Traum!

Ein junger Mann träumt in der Nacht vor seiner Hochzeit davon, dass er beim Schwimmen im Meer seinen Ehering verliert. Während er sich in seinen Traumgedanken damit beschäftigt, wie er den Verlust des Ringes seiner künftigen Partnerin erklären soll, wacht er voll Erleichterung auf. Er ist froh, dass es sich nur um eine geträumte Wirklichkeit handelt. Dennoch: Der Traum signalisiert gewisse Unsicherheiten.

Vieles im Traum ist rational unverständlich, doch Träume

sind keineswegs „Schäume“, sondern verschlüsselte Aussagen über etwas, was mit mir, was mit dem Träumenden selbst zu tun hat. Ich als Träumender bin der Regisseur meiner Träume. Sie sagen etwas über *mich*, über *meine* Lebenssituation, über *meine* Hoffnungen und Ängste aus. Der Psychoanalytiker Sigmund Freud hat Traum-Gegenstände gedeutet. Viele waren für ihn sexuelle Symbole. So deutete er etwa einen Baumstamm, ein Messer oder einen Bleistift als Phallus-Symbole oder Gegenstände wie Kochtopf, Handtasche oder Schublade galten als Symbole für die Vagina. Diese Deutungsweise war sehr einseitig auf die Sexualität fixiert. Auf der Suche nach der Entschlüsselung eines Traumen greifen heute viele nach einem Traum-Lexikon. Viele Deutungsmuster, welche die Lexika für Traumdeutung anbieten, können eine Hilfe sein. Doch was ein Symbol in einem speziellen Traum tatsächlich bedeutet, entscheidet der Zusammenhang, die Gefühle, die den Traum begleiten, sowie die aktuelle Lebenssituation des Träumers und besonders alles, was ihm beim Erwachen spontan dazu einfällt. Das Erleuchtende des Traumes ist wie ein Kerzenlicht, das verblasst, sobald man das Licht des rationalen Ich-Bewusstseins anzündet. Bei der Betrachtung eines Traumes sollte man nicht nur den Intellekt, sondern auch Intuition und Gefühl walten lassen. Es gibt einen Grund, warum der Traum in schwer fassbaren Bildmosaiken spricht, die erst mühsam zu enträtseln sind. C.G. Jung war der Ansicht, dass das Unbewusste, welches den Traum erzeugt, seine Absichten und sein „Wissen“ nicht klarer ausdrücken kann und auch nicht will, weil das rationale Bewusstsein eine auslöschende Wirkung auf das Unbewusste hat.[35]

Träume als Ratgeber

Das uralte Wissen, Träume als innere Weisheit zu verstehen und als Ratgeber nutzen zu können, sie als Wegbegleiter und Bewältigungshilfe zu sehen, gewinnt für viele Menschen zunehmend an Bedeutung. Freud hat das Bearbeiten und das Eingehen auf die Träume als den „Königsweg" zum Unbewussten bezeichnet. Nähern wir uns auf diesem Weg unserer inneren Welt, so begegnen wir unseren elementarsten Kräften und Lebensimpulsen. Wir können tatsächlich für eine bestimmte Wegstrecke Existenz-Erhellung erfahren. Darum hat C.G. Jung neben der so genannten „kausalen" Traumdeutung Freuds, bei der man in den Träumen nach vergangenen Ursachen (z.B. Kindheitserlebnissen) für die Probleme des Träumers sucht, auch eine „finale" Traumdeutung gefordert. Bei dieser versucht man auf in die Zukunft ausgerichtete Tendenzen zu achten. und fragt nach dem Ziel, welches der Traum in der gegenwärtigen Lebenssituation anzeigt. Bei einer seelischen Krankheit wäre zum Beispiel auf Heilungstendenzen zu achten. C.G. Jung behandelte einen Traum wie einen Kristall, den man in der Hand bewegt, um alle seine Facetten zum Aufleuchten zu bringen. Wenn Jung verstand, was das Unbewusste im Traum von ihm wollte, so richtete er sich danach. Insofern kann das Ernstnehmen von Träumen auch präventiven Charakter haben, weil dadurch ungünstige oder für den Träumer schädliche Entwicklungen rechtzeitig erkannt und abgefangen werden können.[36]

Träume als Sprache des Göttlichen

Als der Psychoanalytiker Carl Gustav Jung einmal gefragt wurde, ob er an Gott glaube, antwortete er: „Ich glaube nicht, sondern ich weiß!" Woher wusste Jung mit dieser Gewissheit um die Existenz Gottes? Er wusste es nach eigener

Aussage aus den Träumen von mehr als 15.000 Patienten. Jung kam zu der Überzeugung, dass eine direkte göttliche Einwirkung auf den Menschen über die Träume möglich ist. Er analysierte viele Träume, die sich weder aus unverarbeiteten Tagesresten, noch aus zwischenmenschlichen Beziehungsfeldern erklären ließen. Er nennt dies *transrationale, archetypische Traumbilder.*

Eine solche Traumsprache begegnet uns auch im Alten Testament in der Erzählung von Jakobs Traum mit der Himmelsleiter (1. Mose 28,10-22). Die bewusste Lebenslage Jakobs war bestimmt durch Gefühle von Schuld und Angst. Er hatte sich den Segen seines erblindeten Vaters Isaak in unrechter Weise erschlichen und dadurch seinen Bruder Esau um das Erstgeburtsrecht gebracht. Jakob befand sich auf der Flucht, weil er mit der Rache seines Bruders rechnen musste. Seine Lage war bedrohlich und menschlich gesehen fast aussichtslos. In dieser Situation träumt er nachts von einer Himmelsleiter, an der Engel auf und absteigen. Die Traumbotschaft, die ihn erreichte, lautet: „Ich will dennoch mit dir gehen. Du stehst immer noch unter meinem Segen und Schutz, fürchte dich nicht!" Nach diesem Traum kann Jakob mit neuer Hoffnung weiterleben, findet innere Kräfte und Zuversicht für seinen Weiterweg. Eigentlich würden wir eine Botschaft erwarten, die sagt: „Du bist im Unrecht." Doch der für uns Menschen rein rational nicht fassbare Gott spricht dem schuldig gewordenen Jakob Barmherzigkeit und Begleitschutz zu. *Und siehe, ich bin mit dir und will dich behüten, wo du hinziehst, denn ich will dich nicht verlassen, bis ich alles tue, was ich dir zugesagt habe.* (1. Mose 28,15)

In der modernen Traumforschung kennt man das Phänomen der Kompensations-Träume: Im Tagbewusstsein Erlebtes findet einen Ausgleich im Traum. Diese ausgleichende, kompensierende Funktion des Traumes tritt z.B. ganz deutlich zutage in einer Schilderung Dietrich Bonhoeffers während der Zeit seiner Haft im Konzentrationslager. Von dort schrieb er im Jahre 1943 sinngemäß seinen Eltern: Ich freue mich auf meine Träume. In dieser Zeit schwerster Bedrängnis habe ich immer schöne, ermutigende Träume.[37]

Ähnlich ermutigende Funktion können auch visionäre Träume haben. In Apostelgeschichte 27 finden wir einen Traum von Paulus, den er während einer stürmischen Schifffahrt auf dem Mittelmeer hat: Die Angst vor dem Untergang des Schiffes ist so groß, dass sie die Mitfahrenden fast überwältigt. Im Traum hört Paulus die Stimme eines Engels, die von Zukünftigem spricht. Der Grundtenor des Traumes ist: Habt Mut, nur das Schiff wird untergehen, niemand wird sein Leben verlieren. (V. 21–26).

Ebenso hatte Roger Schutz, der Prior der ökumenischen Jugendkommunität in Taizé, einen visionären Traum (1969). Er schreibt: „In einem Kurztraum, direkt vor dem Erwachen, legte man mir eine Christusfigur in die Hand." Die Botschaft des Traumes war für Frère Roger ganz eindeutig und lebensprägend. Sie hieß: Christus ist ganz nah bei dir. Geh weiter auf deinem Weg der Verkündigung Christi an die Jugend der Welt.

Träume können auch korrigierende, zurechtweisende Funktion haben. Ein solcher Traum findet sich bei Matthäus 1, 8–15: Josef ist mit Maria verlobt. Als aber Maria schwanger wird, will sich Josef heimlich von ihr trennen. In der Nacht erscheint ihm ein Engel im Traum und teilt ihm mit: „Josef, fürchte dich nicht, Maria als deine Frau zu dir zu nehmen. Sie wird einen Sohn gebären, ihm sollst du den Namen Jesus geben." Der Engel erläuterte ihm die besondere Bedeutung dieses Kindes für das Volk Gottes. Josef ist durch diesen Traum in die göttlichen Pläne eingeweiht. Er ließ von der ursprünglichen Trennungsabsicht ab und heiratete Maria. „Als nun Josef vom Schlaf erwachte, tat er, wie ihm der Engel des Herrn befohlen hatte, und nahm seine Frau zu sich."

Träume können auch warnen vor bestimmten Verhaltensweisen. Die drei Weisen werden nach dem Besuch beim Kind in der Krippe in Bethlehem durch einen Traum gewarnt: „Geht nicht zu König Herodes zurück, sondern nehmt einen anderen Weg in eure Heimat." Die Weisen richteten sich nach dem Traum und retteten damit ihr eigenes Leben und brachten auch Jesus nicht in Gefahr. „Und Gott befahl ihnen im Traum, nicht wieder zu Herodes zurückzukehren; und sie zogen auf einem andern Weg wieder in ihr Land." (Matthäus 2,12)

Diese Beispiele aus der Bibel zeigen die ermutigende, zukunftsweisende, korrigierende oder warnende Funktion von Träumen. Auch heute sind Träume eine Sprechweise Gottes über unser Unbewusstes. Auf solche Botschaften zu hören, kann sehr entlastend und hilfreich sein, um in kritischen Wegsituationen die persönliche gute Entscheidung zu finden. Träume sind innere Ratgeber. Machen Sie Ihre Träume zu ihren besten Freunden!

Lebensförderlicher Umgang mit eigenen Träumen

Im Traum taucht vieles verschlüsselt auf und bedarf eines genauen In-sich-hinein-Hörens und des Sich-selbst-Befragens:

- Welcher Tagesrest wurde in meinem Traum verarbeitet?
- Welchen aktuellen Lebensprozess spiegelt der Traum wider?
- Welcher Konflikt wird behandelt?
- Welche Gefühle haben den Traum begleitet?

Solche Fragen helfen, sich über unterdrückte Gefühlen klar zu werden und den eigenen ungelebten Anteilen zu begegnen. C.G. Jung hat das Traummaterial einmal eine „Bibliothek unserer Lebensgeschichte" genannt. Der Traum nutzt alles, verknüpft Vergangenheit, Gegenwart und Zukunft.

Träume können sich auf verschiedenen Ebenen abspielen.

1. Träume in der Objektstufe

Hier schaut der Traum nach außen. Es begegnen mir Personen, mit denen ich lebe. Hierzu ein Traumbeispiel: Ein Geschäftsmann erzählte einen Traum, den er geträumt hatte, als er gerade vor dem Abschluss eines Geschäftsvertrages stand, der am nächsten Tag unterzeichnet werden sollte. „Der Geschäftspartner hat mich zum Essen eingeladen. Auf dem Tisch stehen die köstlichsten Speisen. Das Wasser läuft mir im Mund zusammen. Wir setzen uns und beginnen zu essen. Doch plötzlich, bei genauerem Hinsehen, bemerke ich, dass die Speisen voll sind mit winzigen, kleinen Würmchen. Ganz unten, auf dem Grund des Tellers wimmelt es von Würmern. Entsetzt schiebe ich den Teller zur Seite, stehe auf – dabei erwache ich. In mir spürte ich noch Abwehr und Unbehagen. Ich wünschte mir, ich hätte mir im Traum – vor dem Essen des ersten Bissens – die Speisen genau angesehen, dann wäre mir aufgefallen, dass sie ungenießbar sind. Ich entdecke kleine gefühlsmäßige Parallelen, die mich auch während des Aushandelns des Geschäftsvertrages leise begleitet hatten, die ich aber zur Seite gedrängt hatte. Auf Grund des Traumes überprüfte ich am folgenden Tag den Vertrag nochmals in allen Einzelheiten, entdeckte so manches ‚Unverdauliche' darin und schloss den Vertrag nicht ab."

2. Träume in der Subjektstufe

Hier schaut der Traum nach innen. Er spiegelt meine Gefühle und Reaktionen auf Menschen, mit denen ich zu tun habe. Er enthält Botschaften und Aussagen über mich selbst. Ich begegne auch meinem „Schatten". (C.G. Jung). Solche Träume treten oft auf an Wendepunkten im Leben. Sie helfen, Wege zu finden bei Umbrüchen, während der Phase der Berufsfindung, beim Eintritt in die Ehe, in persönlichen Krisen, Trennungen, Krankheit, beim Rückzug vom Beruf im Alter. Ich veranschauliche dies am Beispiel des Traumes einer Gestalttherapeutin, die ihren eigentlichen Beruf erst durch folgenden Traum gefunden hat: Als sie 26 Jahre alt war, verdiente sie gut als Sekretärin in einem Bauunternehmen. Doch die Arbeit füllte sie nicht aus, weil sie mehr mit Menschen in Kontakt kommen wollte.

In ihrem Traum fährt sie mit einem VW auf einer ihr bekannten Straße. Plötzlich spürt sie einen Schlag gegen das Auto. Sie weiß sofort, dass sie jemanden angefahren hat. Es ist ein junges Mädchen. Beim Aufwachen ist sie voller Trauer.

Sie fragte sich, wen sie da umgefahren hatte. Sie wusste intuitiv, das Mädchen ist sie selbst. Den Schlag gegen das Auto erlebte sie als Stoppsignal ihres Lebensweges. Tatsächlich kündigte sie daraufhin in ihrer Firma und studierte Sozialpädagogik. Später wurde sie eine erfolgreiche Gestalttherapeutin. Der Traum hatte ihr geholfen, über alte Begrenzungen hinauszuwachsen, und das zu werden, was in ihr angelegt war. Ihre neue Tätigkeit erfüllte sie mit großer Zufriedenheit und mit dem Glück, das gefunden zu haben, wonach sie schon lange gesucht hatte.

Träume öffnen verschlossene Räume, sie machen Mut, zu den eigenen Bedürfnissen zu stehen, auf sich selbst zu hören, unabhängig von der Meinung und der Beurteilung anderer.

Träume erinnern

Um Traumsprache zu verstehen, um Träume interpretieren zu können, müssen wir uns zunächst an sie erinnern.

Wie können Sie sich besser an Ihre Träume erinnern? – Tipps

1. Nehmen Sie sich vor dem Einschlafen mental vor, sich beim Aufwachen an den nächtlichen Traum zu erinnern.
2. Legen Sie Papier und Schreibzeug neben das Bett.
3. Wenn Sie beim Aufwachen noch Ihr letztes Traumbild vor Augen haben, bleiben Sie noch ruhig liegen, in derselben Position wie während des Schlafens. Halten Sie in Gedanken das Bild fest, vielleicht fällt Ihnen dabei noch mehr vom Traumgeschehen ein.
4. Machen Sie sich die Gefühle bewusst, die Sie während des Erwachens und während des Träumens gehabt haben. Das festigt die Erinnerung an das Traumgeschehen.
5. Schreiben Sie jetzt den Traum auf. Nehmen Sie keine Wertungen vor, sondern bleiben Sie ganz sachlich im Nachzeichnen des Traums.

Wie können Sie sich Ihre Träume zunutze machen? – Fragen

- Wo finden sich im Traum Berührungspunkte zu meiner Lebenswelt?
- Welcher Konflikt wird angesprochen?
- Was für Gegenstände, Bilder und Symbole sind Ihnen im Traum begegnet?
- Hatte der Traum etwas mit dem Tagesgeschehen zu tun oder greift er eher in die Vergangenheit zurück?
- Welche persönlichen Beziehungen haben Sie zu den im Traum aufgetretenen Personen?
- Von welchen Gefühlen war der Traum begleitet, Angst, Begeisterung, Frust und Lust, Sehnsucht ...?

- Was will der Traum Ihnen sagen? Spielen Sie den Traum ruhig weiter, übernehmen Sie eine Rolle darin.

Traumbilder

Träume werden leichter verständlich, wenn wir um die Symbolik der Handlung oder der geträumten Gegenstände wissen. Viele Bücher beschäftigen sich ausführlich mit der Symbolsprache der Träume. Diese Kompendien können eine Verstehenshilfe sein, doch sind die Gedanken und Gefühle, die spontan in Ihnen wach werden, letztlich für die Deutung entscheidend.

- Eine schwer kranke Frau, die sich in Gedanken mit ihrem Tod beschäftigte und Angst vor dem Sterben hatte, träumte von einem Tunnel, an dessen Ende ein Licht zu sehen war. Sie hatte sich mit dem Tod beschäftigt und hatte Angst vor dem Sterben. Indem sie den Traum mit dem Licht am Ende des Tunnels gehabt hatte, konnte sie ihr mögliches Sterben annehmen. Der Traum führte sie heraus aus dem Dunkel der Angst, sie musste den Tod nicht mehr verdrängen, sondern konnte ihn sogar als lichtvolle Möglichkeit betrachten. Der gelassene Umgang mit diesem schweren Thema führte letztendlich dazu, dass sie wieder gesund wurde.

Auch einzelne Traumbilder, ohne weitere Traumgeschichte, können als Ganzes gedeutet und mit der Lebensgeschichte verknüpft werden:

- Ein Mann packt im Traum seine Koffer, um auf Reisen zu gehen. Im Erwachen denkt er sofort im Zusammenhang mit dem Traum an seine berufliche Unzufriedenheit und an seinen Wunsch, baldmöglichst die Arbeitsstelle oder sogar den ganzen Beruf zu wechseln.

Von einer Frau, die verwitwet ist und eine Stieftochter (B.) hat, wurde mir Folgendes berichtet:

„An einem Abend bekam ich einen Anruf von der Tochter meines verstorbenen Mannes. Sie wollte mir an diesem Abend klar machen, dass sie für mich noch niemals Liebe empfunden, sondern mich lediglich als Frau des Vaters akzeptiert hatte. Da ich mir schon immer eine liebevolle, mütterliche Beziehung zu ihr gewünscht hatte, war ich geschockt und tief verletzt über die direkte Aussage meiner Stieftochter. In der darauf folgenden Nacht träumte ich Folgendes: ‚Ich setzte mich in mein Auto und fuhr los, um kurzerhand B. zu besuchen. Alles, was meinem Mann vor unserer gemeinsamen Zeit gehört hatte, packte ich ein, um es B. zu schenken. Dabei hatte ich ein heiteres und gelöstes Gefühl.'

Im Erwachen hielt ich mir dieses Traumbild fest, spürte ihm nach und war erstaunt, dass ich das Geschenkte so leicht hatte geben können. Ich fühlte noch deutlich die Kränkung und die lieblose Zurücksetzung meiner Mütterlichkeit. Weshalb machte ich gerade in dieser Situation Geschenke? Das Gefühl von Erleichterung, das im Traum aufgetreten war, brachte mich auf die Spur: Ich musste endlich den Wunsch loslassen, eine beglückende Mutter-Tochter-Beziehung herstellen zu können. Es war wichtig, B. das Gemeinsame zu lassen, das sie mit dem Vater vor der Heirat mit mir gehabt hatte. Der Traum half mir dabei, die Dinge, die aus jener Zeit stammten, herauszusuchen und sie in Gelassenheit B. zu übergeben. Mit der eindeutigen Trennung der Beziehungsebenen, hier Vater/Tochter, dort Mann/Frau, gewann ich meine ursprüngliche Souveränität und Eigenständigkeit zurück. Durch das Loslassen konnte die Kränkung langsam heilen. Meine sicherlich psychosomatisch bedingten Magen- und Kreislauf-Probleme ließen auffällig nach."

Interessanterweise stellen Träume von Menschen, die vor dem Tod stehen, diesen nicht als Ende dar, sondern vielmehr als die Änderung eines Zustandes, die sich durch Symbole wie eine große Reise machen, einen Koffer packen, einen Umzug in Gang setzen oder eine Begegnung mit bereits Gestorbenen ausdrücken.

Ein Aidspatient, der seit einigen Tagen in ein Hospizhaus umgezogen war, spürte, dass er doch noch eine längere, mühsame und schmerzvolle Zeit vor sich hatte. In seiner Verzweiflung unternahm er einen Suizidversuch, konnte jedoch ins Leben zurückgeholt werden. Danach hatte er folgenden Traum: „Er befindet sich auf dem Bauernhof, in dem er seine Kindheit verbracht hatte. Dort sieht er seine verstorbene Tante auf dem Dach sitzen. Sie ruft: ‚Komm herauf! Von hier aus sieht alles ganz arg schön aus.'"

Der Patient erzählte den Traum mit einem Lächeln und fügte hinzu: „Ich glaube, ich werde doch bald sterben. Der Traum hat mir das gesagt." Die Sicherheit, nicht mehr lange leben zu müssen, die seit dem Traum in ihm gewachsen war, ließ ihn in Gelassenheit und Akzeptanz seiner Krankheit die letzten Tage durchleben. Drei Tage nach dem Gespräch über den Traum traf die Nachricht von seinem friedlichen Tode ein.

Gespräche über Träume in Therapie und Seelsorge

Alle Träume, die ich hier geschildert habe, sind authentische Berichte. Mit entscheidend für den hilfreichen Umgang mit dem Traum waren die Gespräche, die der Träumer mit einer zweiten Person geführt hat. Oft geht dem Erzählenden schon bei der Schilderung seines Traums die Bedeutung des eigenen Traumes auf. Erzähler/in und Zuhörer/in ergänzen sich in besonderer Weise und beide zusammen kommen auf Ideen, die einer allein nicht gehabt hätte. Wenn im gemeinsamen Gespräch der Traum zum Leben erweckt und nacherlebt wird, öffnet er sich in seiner Ganzheit. Das Sprechen über die Träume beugt auch der Gefahr vor, sich ganz allein eine eigene Traumwelt aufzubauen, sich in sie zurückzuziehen und sich von niemandem mehr in Frage stellen und mit der Realität konfrontieren zu lassen. Indem ich mich jedoch in meinen Traum hinein meditiere, ihn dann mit einem vertrauenswürdigen Gesprächspartner bespreche, komme ich durch Meditation und Gespräch in Berührung mit vielen Seiten meines Wesens, die ich sonst nicht sehen würde. Dieser Austausch lässt mich die Wahrheit meines Wesens besser erkennen, als jede gelehrte Analyse.[38]

Besonders bei Wiederholungsträumen, die in regelmäßigen Abständen wiederkehren, ist nach einem Dialogpartner zu suchen, mit dem über den Traum gesprochen werden kann. Wiederholungsträume signalisieren das Vorhandensein eines Problems, welches noch nicht bewältigt ist und um welches das Unterbewusstsein immer wieder kreist. Sie drücken aus, dass es dem Träumenden kaum gelingt, alleine an das Problem heran zu kommen, sondern dass nach kompetenter Hilfe gesucht werden muss. So kann am ehesten das belastende Problem ins Bewusstsein gehoben, aufgearbeitet und gelöst werden.

Traumbeispiel: Ein Mann träumt immer wieder von einer Situation, in der er während einer Betriebsversammlung von einer aggressiven, machtbesessenen Vorgesetzten in unguter Weise beschuldigt, herabgesetzt und für fehlgelaufene Entwicklungen zur Verantwortung gezogen wird, obwohl er keine Möglichkeit hatte, sich in irgendeiner Weise an den entsprechenden Entscheidungen zu beteiligen. Immer wieder erlebt er diese Situation, wie er in die Enge getrieben wird und wacht danach schweißgebadet auf. Selbst nachdem er den Arbeitsplatz gewechselt hat, tritt dieser Traum immer wieder auf, was ihn sehr beunruhigt, da er der Meinung ist, dass der Arbeitsplatzwechsel den Traum hätte zum Verstummen bringen müssen. Er sucht sich therapeutische Hilfe und findet heraus, dass er sich in Realität und Traum von der dominanten Frau als Sündenbock benutzen ließ. Er erkannte, dass er in seiner früheren Firma zu wenig für seine eigenen Rechte eingestanden war, weil er ein übertriebenes, zu hoch angesetztes Frauen- und Mutterbild in sich trug. Dies machte ihn gleichsam wehrlos und unfähig, Frauen in angemessener Weise entgegenzutreten und gegebenenfalls auch in Schranken zu weisen. Ebenso kann natürlich ein überhöhtes Vaterbild daran hindern, in angemessener Weise sich selbst zu vertreten.

„Ich habe einen Traum" – der visionäre Traum als schöpferisches Lebensprinzip

Abschließend möchte ich in diesem Traumkapitel noch etwas über die Beziehung von Traum und Vision sagen. Visionen sind gleichsam Tag-Träume. Ich denke an Martin Luther Kings berühmte Worte „I have a dream", womit er die Vision von der Überwindung der Rassentrennung zwischen Schwarz und Weiß gemeint hat. Es ist als Impuls für unser Leben wichtig, außer dem Augenmerk für die Nachtträume, auch Tagträume, Visionen, zu haben. Die goldene Spur unseres Lebens entwickelt sich aus Tagträumen, inspiriert teilweise durch Träume in der Nacht. Visionen geben unserem Leben gleichsam Flügel, lassen uns nicht resigniert auf der Stelle treten, sondern schenken uns Antriebskräfte und Ideen zur Gestaltung unserer nächsten Zukunft. Manchmal verknüpfen sich auch Visionen von Menschen, das heißt, mehrere Menschen haben zur gleichen Zeit dieselbe Eingebung: „Wenn einer allein träumt, ist es ein Traum, wenn viele gemeinsam träumen, ist es der Beginn einer neuen Wirklichkeit." (Dom Helder Camara)

Dass Träume inspirativ und kreativ auf das Leben wirken können, zeigt folgendes Beispiel: Der italienische Komponist Guiseppe Tartini (1692–1770) hatte die Faust-Legende gelesen, und zwar die Stelle vom Pakt mit dem Teufel. Er träumte, er würde mit dem Teufel einen Pakt schließen und ihm seine Seele verschreiben. Dieser Tagtraum wurde in einem nächtlichen Traum Wirklichkeit, wobei er – Tartini – vom Teufel als Lohn für seine Seele forderte, ihm etwas auf der Geige vorzuspielen. Daraus entstand dann in der Realität die Teufelstriller-Sonate von Tartini, ein geniales, von Träumen inspiriertes Werk.

Nichts ist im Letzten unveränderbar. Ein Traum kann der Anfang einer heilsamen Veränderung sein. Alles Erstarrte und Erkrankte drängt auf Heilung und Heilsein, auf Befreiung und Erlösung. „Wenn der Herr die Gefangenen erlösen wird, werden wir sein wie die Träumenden."

Singe mein Herz, heut' ist deine Stunde!
(H. Hesse)

7 Heilung durch Musik

Natürlich bleibt es ein subjektives Unterfangen, darüber zu schreiben, welche Art von Musik auf den einzelnen Hörer heilsam und ausgleichend wirkt. Sicher ist jedoch, dass keine Musik gemeint sein kann, die allein schon durch völlig überhöhte Dezibel-Zahl beim Hörenden Hör-Schäden verursacht. Ich halte auch nicht viel von der wissenschaftlichen Methode, heilende Musik nach physikalischen Gesetzen zu messen. Ich beziehe mich vielmehr auf die empirische Methode, welche die Heilung durch Musik als ein intuitives Geschehen begreift. Ich erlebe Musik als heilsam, wenn sie aus Inspiration und Intuition des Komponisten erschaffen wurde und bei mir gerade auf dieser Wellenlänge harmonisierend, lösend, spannungsabbauend wirkt. Ich beziehe mich in diesem Abschnitt daher lediglich auf Musik, die auf *mich* heilsame Kräfte zu übertragen vermag oder die auch auf andere nach deren Bekunden heilend, lösend, stärkend und aufbauend gewirkt hat. Ausdrücklich halte ich aber fest: Was für mich gilt, muss nicht für jeden gelten, so erhebe ich keinen Anspruch auf eben solche Wirkung der im Text genannten Musikstücke bei Lesern und Leserinnen.

Aus der praktizierten Musiktherapie ist mir bekannt, dass insbesondere bestimmte Musik von *Wolfgang Amadeus Mozart* bei kranken Kindern und Erwachsenen spannungslösende Effekte und gesundheitliche Verbesserungen bewirkt hat. Ich kenne einen autistischen, verhaltensgestörten Jungen, der von seiner Mutter regelmäßig in bestimmten Abständen zu einer Musiktherapie gebracht wurde, die gerade auf unruhige, hyperaktive Kinder ihre besondere Wirkung entfaltet. Ich selbst konnte das Heilende dieser Musik an jenem Jungen ganz direkt beobachten. Jedes Mal, wenn er von der Therapie zurückkam, war ein Teilerfolg deutlich spürbar, der auch lange anhielt. Der Junge verhielt sich wesentlich ausgeglichener. Auch für die Eltern war dies deshalb so erstaunlich, weil bislang noch keine Art von Gesprächs- oder Verhaltenstherapie, ebenso keine medikamentöse Therapie, nennenswerte Verhaltensänderungen bewirken konnten.

Dichter wie Hermann Hesse und Albrecht Goes, so wie der Schweizer Theologe Karl Barth und viele andere, wurden nicht müde, in ihren Büchern die überaus heilsame Wirkung zu rühmen, die bestimmte Werke von W. A. Mozart auf sie ausübten. Hermann Hesse hat insbesondere die zweitletzte Sinfonie Nr. 40 in G-Moll geliebt und als dankbar ihn begleitende Lebensmelodie hervorgehoben.[39] Albrecht Goes stellt Mozart in seinem Gedicht über „Figaros Hochzeit“ in himmlische Dimensionen: *Wir möchten es so gerne Wunder nennen,/ das Unbegreifliche, was er uns tut:/ Er legt die Hände in die große Glut,/ ganz ungeschützt, doch ohne zu verbrennen./ Er rührt die Liebe ...*[40] In Mozarts Musik sind wir ständig mit dem unabgegoltenen seelischen Überschuss konfrontiert, den wir Menschen in die Gestaltung unserer Lebenswirklichkeit einbringen müssen, um erfüllt zu sein. Mozarts Musik vermittelt vielen ein Gefühl von schmerzlicher Schönheit, ein gemischtes, zutiefst menschliches Gefühl, das Trost spendet: Er erinnert uns ständig daran, welche Seelenkräfte eigentlich in uns schlummern, welche Zaubermacht wir in uns verbergen.

Der Schweizer Theologe Karl Barth[41] vermutete daher in einer scherzhaften Bemerkung, dass die Engel im Himmel zwar Musik von J. S. Bach präsentieren, wenn es um die Ehre Gottes geht, aber selbst noch lieber Mozart-Musik hören, wenn sie unter sich sind.

Ich selber möchte an heilsamer Mozart-Musik unter vielen nur wenige Beispiele aufführen, so etwa die zauberhafte Zerline-Sopran-Arie aus der Oper „Don Giovanni", deren Text in der deutschen Fassung lautet „Ich weiß ein Mittel, das heilt alle Schmerzen". Hier wird die Liebe klanghell und zärtlich besungen. Oder hören wir auf die spannungslösende Tenor-Arie aus der Entführung aus dem Serail: „Wenn der Freude Tränen fließen", oder die vor Klangschönheit dahinschmelzende Arie aus der Oper „Cosi fan tutte", in der es heißt: „Der Odem der Liebe erquicket die Seele". Es stellt sich ein Gefühl von Leicht- und Freiwerden ein. Schon durch die Auswahl und das Zusammenfügen von Instrumenten in bestimmten Musikstücken wird das Ohr auf den heilenden Grundton eingestimmt. Ich nenne hier als Beispiel das Konzert für Flöte und Harfe, KV 299, mit seiner spielerischen Gelassenheit, sowie das überragende, klangschöne Kegelstatt-Trio in Es-Dur und den herrlichen Adagio-Satz aus dem Klarinettenkonzert KV 622. Auch die grandiosen Klavierkonzerte, mit ihren melodiösen, meist heiteren aber zuweilen auch abgründig düsteren Klangführungen möchte ich erwähnen. Bei KV 453 in G-Dur empfinde ich soviel Leichtigkeit und Harmonie, dass ich das Wort schön mit einem langgedehnten „ö" ausrufen möchte. Für die strahlende Gelassenheit als tragende Grundstimmung stehen die Sinfonie Nr. 39 in Es-Dur, das Jeune-homme-Konzert KV 271, sowie die Ouvertüre der Zauberflöte.

Trotz der Auseinandersetzungen Mozarts mit seinem Vater Leopold und dem Erzbischof von Salzburg, sowie der immer wiederkehrenden Geldsorgen, strahlt gerade aus seiner Musik eine Heiterkeit und Leichtigkeit, die aus tief bewahrten Seelenkräften hervorquillt. Aus dieser Wurzel schöpfte er große Spielfreude, sogar dann noch, als seine Mutter auf einer gemeinsam mit ihm unternommenen Reise nach Paris verstarb. Zunächst verheimlichte Mozart den Tod der Mutter gegenüber dem Vater, bereitete ihn jedoch mit tröstenden Worten darauf vor. Direkt nach dem Tode seiner Mutter komponierte er dann 1778 das oben genannte Jeune-homme-Konzert. Nur der zweite Satz lässt etwas von melancholischem Getragensein erkennen, die anderen Sätze sind hell und strahlend. Selbst in dem kecken Singspiel „Die Entführung aus dem Serail" ist Mozarts früher Bezug zu Tod und Sterben spürbar. Im Rezitativ der Constanze erklingt es, in hellen Piano-Tönen gesungen: „Was ist der Tod? Der Übergang zur Ruh'." Wahrscheinlich dürfen wir die Ursache für die zuversichtliche Gelassenheit Mozarts darin suchen, dass für ihn der Tod nicht – wie für die meisten Menschen – etwas Schreckendes, sondern vielmehr etwas Beruhigendes und Tröstliches hatte: „Für diese Glückseligkeit danke ich alle Tage meinem Schöpfer und wünsche sie von Herzen jedem seiner Menschen. Ich lege mich nie zu Bette ohne zu bedenken, dass ich vielleicht, so jung als ich bin, den anderen Tag nicht mehr sein werde."[42]

Musik als Ausdruck für das Unaussprechliche

Unter dieser Überschrift möchte ich Musik von Johann Sebastian Bach, Johannes Brahms und Ludwig van Beethoven nennen. Für mich sind sie die größten deutschen Komponisten, weil es ihnen gelang, in heilsamen Klangbildern und musikalischen Symbolen zu reden. Allen drei großen Komponisten ist eines gemeinsam, was Beethoven selbst sinngemäß in folgende Worte gefasst hat: „Musik soll von Herzen kommen und soll zu Herzen gehen." Bei Beethoven vor allem sind die Missa solemnis und seine gewaltige Neunte Sinfonie zu nennen, die das Unaussprechliche plötzlich in Wort und Ton im vierten Satz benennt. Auch Bachs Musik vermag in unserer heutigen, teilweise zerrissenen und nach Verwurzelung suchenden Zeit immer wieder aufs Neue im Menschen eine persönliche Betroffenheit hervorzurufen, die letztlich aus einem Hören und Verstehen der christlichen Glaubensbotschaft kommt und auch wieder dort hinführt. Hören wir auf seine geistlichen Kantaten, Oratorien oder Passionen! Ihre glaubensbegründende, therapeutische Bedeutung wurde von Nathan Söderblom – Schwedischer Erzbischof (1866–1931) – als das „Fünfte Evangelium“ bezeichnet. Bach nimmt seine Musik aus der Ursprache des Menschen und ist Antwort auf die heilsame Gottesbotschaft. Der Choral „Jesus bleibet meine Freude“ aus der Kantate „Herz und Mund und Tat und Leben“ (BWV 147) lässt im Menschen Gefühle von Getragen- und Getröstetsein entstehen, selbst in Trauer und Leid. Auch wenn diese Kantate nur instrumental vorgetragen wird, etwa mit Orgel und Trompete, können Fragen und Klagen verstummen und Zweifel am Dasein verschwinden, können aber auch Gefühle aufbrechen, die bis dahin wie versteinert waren, kann eine neue Freude wiederkehren. Eine weitere Kantate möchte ich nennen: „Ich bin vergnügt mit meinem Glücke“ (BWV 84). Die Worte „Vergnügen“ und „Glück“ meinen nicht Vergnügen durch Ablenkung und Zerstreuung, es geht nicht um materielle Vergünstigungen oder äußerlich bedingte Lustbarkeiten. Nein, die Vergnügtheit und das Glück ruhen in sich selbst, haben sich von Neidgefühlen gelöst, die dem Nächsten gelten, der vielleicht mehr besitzt oder mehr kann. Hier werden Dankbarkeit und Zufriedenheit mit dem Wenigen besungen: „Ich esse mit Freuden mein weniges Brot und gönne dem Nächsten von Herzen das Seine.“ Wer gelassen hinnehmen kann, dass andere materiell besser gestellt sind, wird nicht von Neid zerfressen, sondern fängt an, Frieden mit sich selbst zu schließen. Im Hören der Musik werde ich innerlich ruhig und komme in Einklang mit dem, was ist.

Eine besondere Perle Bach'scher Melodieführung ist für mich der gern bei Hochzeitsfeiern erklingende 2. Satz des Doppelkonzertes für zwei Violinen in D-Moll (BWV 1043). Zurecht sagt ein geflügeltes Wort, genau diese Musik erklänge auch einmal am Eingangstor zum Paradies.

Das erklärte und entscheidende Ziel des Umgangs mit solchermaßen ausgewählter Musik sollte sein, die Lebenskräfte und die Freude am Dasein zu wecken, bei der Überwindung von Gefühlen wie Angst, Sorge und Niedergeschlagensein zu helfen und eine Umstimmung von melancholischer Trauer in ein Gefühl von Geborgenheit herbeizuführen.

Als meisterhaftes Beispiel dafür kann auch das Requiem von *Johannes Brahms* genannt werden, weil hier Musik und Text kongenial aufeinander bezogen sind. Brahms selbst hatte die Texte für „Ein Deutsches Requiem" aus der Lutherbibel treffsicher ausgewählt. Die Texte enthalten keine Angst machenden Gerichtsdrohungen, es wird das Tröstliche und Erlösende der Heilsbotschaft in den Vordergrund gerückt: „Der Tod ist verschlungen in den Sieg" – „Die Erlösten des Herrn werden wiederkommen" – „Ewige Freude wird über ihrem Haupte sein." Zurechtbringend und heilend wirkt das Zusammenspiel von Text und Musik vor allem deshalb, weil einerseits Trauer und Leid mit großer Emphatie zum Ausdruck gebracht werden, andererseits aber auch eine Weiterführung des Blicks in Hoffnungs-Horizonte ermöglicht wird: „Die mit Tränen säen, werden mit Freuden ernten." An einer Stelle im zweiten Satz des Requiems bricht in die gedrückte, traurige Stimmung der Vergänglichkeit – „denn alles Fleisch ist wie Gras" – der Chor nach einer bemerkenswerten Pause mit dem Orchester in Fortissimo-Klängen ein und verkündet das Wort des Lebens: „Aber des Herrn Wort bleibt in Ewigkeit."

Im V. Satz besingt Brahms in einer beeindruckenden Selbsttherapie die Hoffnung auf Überwindung von Verlustschmerz im Blick auf seine eigene verstorbene Mutter: „Ihr habt nun Traurigkeit; aber ich will euch wiedersehen und euer Herz soll sich freuen, und eure Freude soll niemand von euch nehmen." Die Erinnerung an seine Mutter bringt er lebendig zum Ausdruck im Sopransolo: „Ich will euch trösten, wie einen seine Mutter tröstet." Im Zuhören kehrt eine wunderbare Ruhe ein. So, wie die Mutter das weinende Kind tröstet, ihm die Tränen abwischt, so kann diese Musik Schmerzen heilen. In den möglicherweise fließenden Tränen lösen sich blockierte und vor Trauer erstarrte Gefühle, seelische Heilprozesse werden in Gang gesetzt. So ist dieses Werk in besonderem Maße als Hilfe für die Trauerbewältigung oder zur Begleitung Trauernder nach einem Todesfall geeignet.[43]

Auch Musikstücke von Schubert und Chopin erachte ich als therapeutisch wirksam, weil sie Schmerz benennen, ihn ausdrücken und so den Weg zu dessen Auflösung und Bewältigung öffnen. Als Beispiel erwähne ich das von *Schubert* in seinem Todesjahr (1828) komponierte Lied „Der Hirt auf dem Felsen" (D965). Das Klavier bietet die harmonische Stütze für die Klänge der Klarinette und für die gesangliche Brillanz der Sopranstimme. Der Text, aus Gedichten von Wilhelm Müller und Helmina von Chezy kombiniert, spiegelt den dramatischen Prozess von der defizitären bis depressiven Ausgangssituation aus Einsamkeit und Sehnsucht: „Mein Liebchen ist so weit von mir – in tiefem Gram verzehr ich mich – ich hier so einsam bin." Die therapeutische Auflösung kommt in dem musikalisch grandios sich steigernden, das Tempo beschleunigenden Forte-Schlussgesang der Sopranstimme zum Ausdruck: „Der Frühling will kommen, der Frühling meiner Freud". Der Frühling steht für Hoffnung auf ein Ende des leidvollen Wartens und auf Erfüllung der Sehnsucht, auf ein Herauskommen aus der seelischen Erstarrung des vergeblich Liebenden. Die Aufforderung zum Wandern bedeutet Befreiung, Bewegung, die Möglichkeit zum Aufbruch und zu neuen Schritten: „Nun mach‘ dich fertig, zum Wandern bereit!“

Von *Chopin* will ich die Romanze aus dem Klavierkonzert Nr.1 E-Moll op.11 hervorheben. Die Musik im Larghetto des zweiten Satzes wirkt sammelnd, beruhigend und konzentriert. Ich spüre beim Zuhören, dass in mir Erinnerungen aus meinem Leben auftauchen. Etwas von meiner eigenen Lebensmelodie strömt herein. Die Klaviermusik hilft mir, die Hektik eines anstrengenden Tages hinter mir zu lassen. Lautes verstummt. Ich möchte dabei das Licht im Raum in zartere Töne dimmen, am liebsten Kerzenlicht anzünden. In mir wird alles frei für diese glitzernde, perlende, melodiöse Musik. Mein Pulsschlag wird langsamer, die Atmung tiefer. Ruhe strömt in mich ein. Die federleichten Verzierungen des Pianospiels lassen mich ganz leicht werden. Auch Geheimnisvolles begegnet mir in dieser Musik. Ich überlasse mich ganz den weichen, zärtlichen Tönen, bin dankbar und glücklich.

Solche Musik kann stabilisierend auf das seelische Gleichgewicht wirken. Wenn Sie angespannt sind, sollten Sie nicht versuchen, sich mithilfe wilder Rhythmen aufzuputschen. Der bulgarische Psychologe und Arzt Dr. Georgi Losanow, der die Lehr- und Lernmethode der Suggestopädie (Beeinflussung des Seelenlebens durch Musik) entwickelt hat, kam zu der Erkenntnis, dass vor allem die klassische Musik des 16.–18. Jahrhunderts harmonisierend auf unseren Organismus wirkt, weil sich unser Herzrhythmus ganz automatisch dem für diese Musik typischen Takt von 60 Schlägen pro Minute anpasst.[44]

Selbstverständlich kann auch nicht-klassische Musik, Jazz- oder Schlagermusik, sowie instrumentale oder gesangliche Unterhaltungsmusik stimmungsaufhellend wirken und Lebensfreude wecken. Entscheidend ist, dass Sie Ihre Gefühle in Musik ausgedrückt finden und dass Ihre Seele mitschwingen kann. So können Sie selbst mithilfe der von Ihnen als wohltuend und angenehm empfundenen Musik zu einem Verwandlungskünstler werden, der sich aus trüber und ungünstiger Stimmungslage in eine entspannte Haltung versetzt und neue Energien tankt.

Lassen Sie sich in den Bann getragener, gleichförmiger Rhythmen ziehen, von der langsamen Melodie eines Saxophons faszinieren, von der zärtlichen Panflöte umschmeicheln, lassen Sie Ihre Sinne berühren und die Musik auf Ohren und Bauch wirken. Der alle Sinne erfassende und anregende Effekt eines Instrumentes ist umso größer, je mehr er sich klangmäßig dem Timbre der menschlichen Stimme annähert, je „menschlicher" es klingt. Ein gutes Beispiel einer getragenen, melodiösen Musik, die Ohren, Herz und alle Sinne verwöhnt, ist die Thema-Musik aus dem Film „Sinn und Sinnlichkeit" in der Klavierfassung (Patrick Doyle: My Father's Favourite). Beim Hören dieser Musik können Sie Gedanken und Gefühle empfinden, wie: Das Leben ist schön – es kann alles gut werden. Möglicherweise beginnen Sie sogar die Melodie mitzusummen. Haben Sie Mut! Singen Sie sich frei, singen Sie sich etwas von der Seele, denn Singen bringt die Gewichte nach außen, macht leicht. Ich selbst hatte das „Deutsche Requiem" von Brahms schon etwa fünfzigmal gehört, von Tonträgern abgespielt oder auch live von Chören gesungen, und Lust bekommen, einmal selbst in einem Chor mitzusingen. Es war ein grandioses und in höchstem Maße therapeutisches Erlebnis, das mich ganz erfüllte. Vielleicht spielen Sie ein Instrument, auch dies hat heilende Wirkung. Der kreative Selbstausdruck von Klängen, von gesungenen oder gespielten Melodien, kann Freude und Glück zum Strömen bringen.

Nicht nur die Lebens- und Sinnenfreude wird durch entsprechende Musik angeregt, sondern es können, nach einem Ausspruch von Martin Luther, auch bei einem verstörten Menschen der Mut beflügelt, das Herz milder und die Vernunft gesteigert werden: „Musik ist der beste Trost für einen verstörten Menschen. Sie ist eine Lehrmeisterin, die Leute gelinder, sanftmütiger und vernünftiger macht."

Der berühmte Geiger Yehudi Menuhin war überzeugt, dass gute Musik lebensverlängernd wirkt. Er selber gab noch bis zum achzigsten Lebensjahr großartige Konzerte. Diese Tatsache spricht sichtlich für seine Behauptung, dass schöne Musik der Gesundheit zugute kommt. Im Epilog zu seinen Lebenserinnerungen („Unvollendete Reise") kommt er noch einmal auf die Erfahrungen seines langen Musikerlebens zurück und zieht die Quintessenz: „Noch immer glaube ich, dass die Musik zu verbinden und zu heilen vermag; noch immer glaube ich, dass man dem Musiker vertrauen kann, dass er den Mitmenschen Trost spenden und sie zugleich an die Größe des menschlichen Geistes zu erinnern vermag."

Ich wünsche, dass es Ihnen gelingt, Ihr Leben mittels Musik erfüllter, glanzvoller und reicher zu machen und dass Sie das Lied zum Schwingen und Klingen bringen, das in Ihnen laut werden möchte.

Den Augenblick immer als Brennpunkt der Existenz, auf den die ganze Vergangenheit nur vorbereitete, ansehen und genießen, das würde Leben heißen!
(F. Hebbel)

8 Heilsame Gedanken und Lebensmuster

Leben im Hier und Jetzt

Viele Menschen kreisen stets um das, was sie in der Vergangenheit möglicherweise verpasst haben, was schwierig war, was sie gern anders gehabt hätten. Bei ihnen bleibt die Vergangenheit ständig Gegenwart. Diese Einstellung verhindert wache Präsenz und Wahrnehmungsfähigkeit für den Augenblick, für den jetzigen Moment.

Das Gleiche geschieht beim ständig sorgenvollen Blick in die Zukunft. Der Augenblick wird sogleich unter den pessimistischen Schatten der Zukunft gestellt. Das „Was wird wohl werden?" verhindert Genussfähigkeit in der Gegenwart.

Die größte Aufmerksamkeit sollte der Gegenwart geschenkt werden. Die Vergangenheit ist unveränderbar vorbei, die Zukunft ist noch unverfügbar und offen. Wenn die Fixierung auf Vergangenheit oder Zukunft das Leben in der Gegenwart verhindert, werden die lebensförderlichen Kräfte nicht wahrgenommen, die in der Freude und der Chance des Augenblicks liegen. Aus einem erfüllten „Ist" kann ein glückliches „Werden" hervorwachsen. Hierzu eine mündlich weitergegebene Legende:

Ein Mönch wurde einmal gefragt, warum er trotz seiner vielen Aufgaben und täglichen Verpflichtungen immer so ruhig und gelassen sei. Er antwortete: „Wenn ich sitze, dann sitze ich. Wenn ich stehe, dann stehe ich. Wenn ich gehe, dann gehe ich. Wenn ich esse, dann esse ich. Wenn ich spreche, dann spreche ich.“ „Das tun wir doch auch“, fielen ihm die Fragenden ins Wort. „Nein, das tut ihr eben nicht“, entgegnete der Mönch. „Wenn ihr sitzt, dann steht ihr schon, wenn ihr steht, dann geht ihr schon, wenn ihr geht, dann lauft ihr schon, wenn ihr lauft, dann seid ihr in Gedanken schon am Ziel. Das ist der wahre Grund für eure Unrast.“

Wir sind tatsächlich gedanklich ständig unterwegs und selten im Hier und Jetzt. Man könnte fast sagen: „Ich bin der Gewesene, aber nicht der Anwesende, ich bin der Kommende, aber nicht der Angekommene.“ Das, was ich jeweils gerade tue, ist das Wichtigste. Ähnlich ist es auch zu lesen bei dem mittelalterlichen Mystiker Meister Eckart: „Die wichtigste Stunde ist immer die Gegenwart. Der bedeutendste Mensch ist immer der, der dir gerade gegenübersteht. Das notwendigste Werk ist immer die Liebe.“

Ganz ähnlich drückt es auch der russische Dichter Leo Tolstoi aus: „Es gibt nur eine wichtige Zeit für uns, und das ist der Augenblick, und der ist deshalb so außerordentlich wichtig, weil wir nur in ihm Herren über uns sind. Der wertvollste Mensch ist für uns immer der, dem wir im Augenblick begegnen, denn niemand kann vorher wissen, ob er noch je mit einem anderen Menschen zu tun haben wird. Das Allerwichtigste von allem aber ist, anderen Gutes zu tun, denn nur dazu wurde dem Menschen das Leben geschenkt!“

Auch bei Papst Johannes XXIII findet sich in einer Gebetsbitte die Konzentration auf die Gegenwart: „Nur für heute werde ich mich bemühen, den Tag zu erleben, ohne die Probleme meines Lebens auf einmal lösen zu wollen.“ Und Jesus selbst widerspricht dem Sorgengeist mit dem Blick auf den heutigen Tag: „Der morgige Tag wird für das seine sorgen. Es ist genug, dass jeder Tag seine eigene Mühe hat" (Matthäus 6,35).

Die Gestalttherapie von Fritz Perl geht ebenso in erster Linie vom Hier und Jetzt aus. Im Unterschied zu Sigmund Freuds Psychoanalyse setzt Perls therapeutische Arbeit nicht bei dem Bearbeiten der Vergangenheit an, sondern vielmehr in der Gegenwart. Dies meint: In jedem Augenblick hast du die Möglichkeit, mit deiner jetzigen Gestalt – so wie du gerade bist – das Leben neu zu beginnen. Auch wenn Gewesenes ungut und misslich war, so kannst du neue Impulse setzen und das für den Moment Optimale heraus finden. „Carpe diem!" – „Pflücke den Tag!" In dem Gedicht „Leuchtkraft" sagt Ulrich Schaffer: „Die Leuchtkraft eines einzelnen hervorgehobenen, bewusst erlebten Augenblicks kann ich gegen den erdrückenden, unaufhaltsamen Ablauf der Zeit halten. Es gibt keine Zeit als nur jetzt. Und die leuchtet. Ich sehe es in deinen Augen."

Affirmationen zur Bewältigung von Verlusten in der Vergangenheit

- Ich entscheide mich, Verlorenes aufzugeben und mich nicht daran zu klammern, Verluste – auch zu Unrecht erlittene – zu akzeptieren und mich über das Verbliebene zu freuen.
- Ich schleppe nicht unnötigerweise alle unliebsamen Erfahrungen und Belastungen mit mir herum, sondern bin bereit, „den Staub von den Füßen zu schütteln". Dadurch gewinne ich freien Raum für neue Erfahrungen und Erlebnisse, es fließt mir neue Kraft zu und ich gewinne Energie für neue Herausforderungen.
- Ich stelle mir zusammen, was mir verblieben ist, was an mir gesund ist, welche Freundschaften ich habe, was ich kann und fühle, was ich glaube und hoffe, welche

Liebesfähigkeit ich habe. Wie viel es immer ist: es wird zum Leben reichen.

- Meine Lebenskrise ist wie ein Durchgehen durch eine enge Tür, wie durch einen Flaschenhals in eine neue Freiheit, die dann eintritt, wenn ich das Vergangene abgestreift und hinter mir gelassen habe. Ich kann in Grenzsituationen und an Grenzerfahrungen wachsen. Ich reife an meinen Krisen, die zu bewältigen ich die Kraft hatte.[45]
- „Nicht die ungelösten Rätsel der Vergangenheit lösen und in quälende Grübeleien fallen, sollen wir, sondern auch das Unbegreifliche stehen lassen und friedlich in Gottes Hand zurück geben." (Dietrich Bonhoeffer).

Offen sein für Gestaltungskräfte

„Im Urlaub wollte ich ein von mir sehr geschätztes Gasthaus mit Seeterasse besuchen. Es war geschlossen. Ich fuhr weiter in den nächsten Ort am See-Ufer und fand ein noch viel schöneres Lokal mit Kaminfeuer und Piano-Musik."

Aus einem Moment der Enttäuschung heraus kann Neues, kann Schöneres erwachsen, wenn wir uns offen halten für die vielfältigen Angebote des Lebens. Vielleicht werden wir überrascht sein über das, was sich uns noch bietet. Das Nicht-fixiert-Sein, das Sich-neu-Erproben wird weiterbringen. Es sorgt für Spannung und Flexibilität im Leben.

Umgekehrt, wenn wir resignieren, die Fühler einziehen, uns enttäuscht zurückziehen, blockieren wir neue Möglichkeiten. So sagt sinngemäß auch Martin Luther: „Wendet euch mit allen Gedanken an Gott, aber seid nicht fixiert auf eine Lösung. Wenn eine Bitte nicht so erfüllt wird, wie ihr es euch vorstellt, kann geschehen, was besser ist."

Mut zum Unvollkommenen

Nichts hemmt Entwicklung mehr als perfektionistische Erwartungen. Verabschieden Sie sich in aller Gelassenheit von Allmachtsvorstellungen. Sie werden nie nur freundliche Kollegen an ihrem Arbeitsplatz vorfinden, aber es gibt sicher jemanden, mit dem Sie gut zusammenarbeiten können. Glauben Sie an das wirksame Kleine, an die gewinnende Kraft eines Lächelns, an einen Gruß, eine Umarmung, einen tröstlichen Anblick aus der Natur. Ausdrücklich rühmt Albrecht Goes die Kraft in den geringen Dingen: „Ach, das Herz, es mild zu trösten, ist das Kleine groß genug: Eine gelbe Krokusblüte, einer Wolke Frühlingszug."

Auch Antoine de Saint-Exypéry bittet um die Kunst, kleine Schritte zu tun, nicht gleich alles zu wollen: „Lehre mich die Kunst der kleinen Schritte."

Gut von sich denken

Vielleicht gehören Sie zu den Menschen, die sich gern mit anderen vergleichen, mit reicheren, erfolgreicheren, größeren, schöneren Zeitgenossen. Dann kann es sein, dass Sie sich dabei mit einer ungenügenden Note bewerten und Ihr Selbstgefühl „in den Keller fällt". Doch seien Sie sich bewusst, dass Sie von jedem anderen Menschen nur einen ganz kleinen Teil sehen. Sich selbst kennen Sie wesentlich besser, auch mit Ihren Schattenseiten. Überprüfen Sie, in welcher Beziehung Sie zur Vergleichsperson stehen und suchen Sie einmal ganz bewusst nach den weniger erstrebenswerten Seiten dieses Menschen. Verabschieden Sie sich von der Vergleichssucht, die jede Lebensfreude vergällen kann. Zufriedenheit erwächst aus der Fähigkeit, eigene Grenzen akzeptieren zu können, das eigene Gute zu sehen und nicht das Unmögliche zu wollen.

Nicht nur unsere Zufriedenheit, sondern auch unsere Gesundheit hängt davon ab, dass wir aus unseren begrenzten Möglichkeiten (Intelligenz, Kräfte, Vitalität, Jugend, Alter, Veranlagung) das jeweils beste in jeder Lebenssituation machen.

Besonders destruktiv klingt es in Schuberts Lied „Der Wanderer“: „Dort, wo du nicht bist, dort ist das Glück.“ Viel besser gefällt mir der Satz: „Das, was für mich gut ist, finde ich immer dort, wo ich gerade bin.“ So sagte meine Mutter, für mich unvergesslich und prägend: „Da, wo wir sind, da ist es schön, unabhängig von der Stadt, den Menschen, der Landschaft.“.

In einer der chassidischen Geschichten erzählt Martin Buber: Vor dem Ende sprach Rabbi Sussja: „In der kommenden Welt wird man mich nicht fragen: ‚Warum bist du nicht Moses gewesen?‘ Man wird mich fragen: ‚Warum bist du nicht Sussja gewesen?‘“

Eigenständigkeit und Selbstverantwortung fördern

Herr Z. ist seit Jahren Diabetiker. Schon im Alter von zwanzig Jahren wurde die Stoffwechselerkrankung festgestellt und er erhielt genaue ärztliche Anweisungen hinsichtlich Ernährung, Lebensweise und Therapie. Da zunächst keine gravierenden Störungen auftraten, hielt es Herr Z. für überflüssig, seine Lebensweise den ärztlichen Anweisungen entsprechend auszurichten. Erst eine rapide Verschlechterung seines Augenlichtes konfrontierte ihn mit der Möglichkeit einer baldigen Erblindung. Herr Z. ist voller Wut, dass ihn die Ärzte nicht richtig behandelt hätten, und sucht auf sie die Eigenverantwortung abzuschieben.

Statt Eigenverantwortung wahrzunehmen, ist es natürlich leichter, den Sündenbock bei anderen zu suchen. Das schwächt eigene Authentizität und trübt den Blick auf den Eigenanteil am persönlichen Schicksal. Dieses Wegsehen verhindert heilsame Selbsterkenntnis und damit notwendige Änderungen des Denkens und Verhaltens. Wer eigene Fehlhaltungen erkennt, meistert sein Leben leichter.

Mit Selbstvertrauen sinn- und zielbewusst leben

Wenn ich auf meinem Weg ein Ziel vor Augen habe, wenn ich in dem, was ich tue, einen Sinn finden kann, wachsen mir beim Gehen meines Weges Kräfte und Energien zu. Der Psychologe und Therapeut Viktor Frankl hat die Psychotherapie der Sinngebung (Logotherapie) entwickelt. Frankl will die geistige Dimension des Menschen vermehrt ins Bewusstsein heben. Ich habe die Freiheit der Wahl, wie ich mich zu meinem Schicksal stelle. Anstatt neurotisch um mich selbst zu kreisen und mein Schicksal zu beklagen, wirkt es heilsam, nach den vielen in der Welt vorhandenen und auf den Menschen wartenden Sinnmöglichkeiten Ausschau zu halten. Wenn ich weiß, warum ich wohin gehe, fällt es mir leichter, die einzelnen Schritte richtungsorientiert zu gehen. Von dem bewusst angesteuerten Ziel her fällt Licht und Motivation auf die einzelnen zu bewältigenden Schritte.[46]

Es stehen Ihnen oft mehrere Möglichkeiten offen. Sie können sich mental die denkbar negativste Entwicklung der Dinge ausmalen, Sie können sich aber ebenso eine positive Option offen halten. „Ich bewältige mein Leben“ ist eine Affirmation, die Zukunft öffnet. Die Vorstellung des Gegenteils schürt hingegen Panik und setzt einen negativen, Energie raubenden Kreislauf in Gang. Gleiches passiert bei Selbstherabsetzungen wie: „Ich Idiot! – Ich Dummkopf! – Typisch für mich!“ Vielleicht ist gerade ein Tablett heruntergefallen, vielleicht habe ich ein Glas umgeworfen, vielleicht finde ich etwas nicht. Mit solchen Worten wird ausgedrückt: Ich trau mir das nicht zu, dass mir etwas gelingt; überall ist der Wurm drin; wenn ich etwas anfasse, geht es ganz bestimmt schief. Hüten Sie sich davor, einen Misserfolg sofort zu verallgemeinern.

Eine unser Verhalten blockierende mentale Denkfalle zeigt sich auch in Satzmustern wie „ja, aber“ oder „eigentlich sollte ich“. Ja- aber-Typen reagieren auf das anerkennende Wort des Vorgesetzten mit einer einschränkenden Entgegnung, wie z.B. „aber das neue Projekt läuft nicht halb so gut, wie ich mir es angestrebt habe.“ Sie setzen sich mangels Selbstvertrauen oft herab. Ähnlich blockierend wirken Denkmuster, die beginnen mit „ich sollte eigentlich“. Die Kollegin schaut sie vorwurfsvoll an und schon denken Sie „eigentlich sollte ich meine Arbeit liegen lassen, um ihr zu helfen.“ Notieren Sie Ihre häufigsten Sätze mit diesen blockierenden Denkmustern. Viele von ihnen lassen sich streichen, wenn Sie zu sich selbst stehen.[47]

Helfen ist gesund

„Die Kunst – ein Egoist zu sein“, „Wie verwirkliche ich mich selbst“, „Wie Sie schnell reich werden“ – mit solchen Buchtiteln wurden in den letzten Jahren ausführliche Rezepte geliefert, die angeblich Glück und Gesundheit bringen sollten. Auf Grund meines täglichen Umgangs mit vielen Menschen bin ich vom Gegenteil überzeugt: Wer nicht ständig um sein Ego kreist, wer sich sozial engagiert und anderen Menschen hilft, ist glücklicher und ausgeglichener. Das hat auch Allen Lukas, ausgewiesener Experte für freiwilligen Dienst und soziales Ehrenamt, in langjährigen Erfahrungen und Forschungsarbeiten herausgefunden. Danach ist Helfen sogar äußerst gesund, es kann eine Chance zur Entwicklung der eigenen Persönlichkeit, Emotionalität und Gesunderhaltung sein. Freundlichkeit, Wärme, Hilfsbereitschaft, Eingehen auf einen anderen, bauen nicht nur den Hilfsbedürftigen, sondern den Helfenden selbst auf.

In einer Umfrage unter Männern und Frauen, die regelmäßig karitativ tätig sind, erzählten viele auch von körperlich spürbaren Empfindungen beim Helfen: Stärke, Energie, ruhig werden. Ein Hochgefühl stellte sich ein, das oft den ganzen Tag über anhielt. Eigene körperliche oder seelische Schmerzen gingen durch die helfende Tätigkeit zurück. Eine junge Frau sagte: „Das Vertrauen, das mir in meiner Arbeit entgegengebracht wird, gibt mir Selbstvertrauen und eine Steigerung des Selbstwertgefühls." Das Engagement und die Begeisterung für Hilfsaktivitäten geben dem Leben Sinn und Zielrichtung.[48]

So sagt Albert Schweitzer: „Das Mitleiden und Mithelfen gibt deinem Leben Sinn und macht es wertvoll. Das Wenige, was du tun kannst, ist viel." Die Helfenden haben weniger Zeit zum Grübeln, zum Hochspielen von Kleinigkeiten und können sogar etwas vom Glücksgefühl des „flowings" spüren, das sich einstellt, wenn wir mit ganzem Herzen bei einer Sache sind. Franz von Assisi betont das in einem Gebet: „Denn wer hingibt, der empfängt."

Leben aus dem Schalom!

Schalom – dieses Wort aus der hebräischen Sprache kann vom ursprünglichen Wortsinn her übersetzt werden mit: Unversehrtheit, Lebensfülle, Friede. Dieses Heilsein, dieser Friede hat insbesondere mit gelingenden Beziehungen zwischen Menschen zu tun, zwischen Eltern und Kindern, zwischen Mann und Frau, zwischen Bruder und Schwester, zwischen Völkern und Nationen. Die Friedensverheißung setzt grundsätzlich die immer wiederkehrende und sich erneuernde Liebesverbindung mit Gott voraus. Dieser Bund der Liebe und des Friedens, den Gott mit seinem Volk und mit jedem von uns eingeht, überwindet alle Katastrophenerfahrung, alle Zerstörung, alle Bedrückung und alle Schrecken. (Vgl. Jesaja 54, 13-14)

Die Bedeutung dieses ganzheitlichen Schalom konnte auch in der Politik – rational kaum fassbar – erlebt werden, als die brennenden Friedenskerzen von Leipzig im Jahr 1989 stärker wirkten und mehr zum Frieden beitrugen, als eine ganze hochgerüstete Armee. Auch bei der Begegnung des Juden Menachim Begin und des Moslem Anwar Sadat kam weitaus mehr als nur der politische Friede zum Tragen. Diese beiden so verschiedenen Menschen fanden sich zusammen in der tragenden Idee eines Schalom, welche die Vergangenheit bewältigt durch Vergebung und Neubeginn. Diese Staatsmänner hatten ein Gespür für ein Leben aus dem Schalom und konnten so den destruktiven Kreis von ständiger Rache und Vergeltung durchbrechen und damit einen Friedensschluss erreichen. Dieses Ereignis liegt bereits über Jahrzehnte zurück, im Nahen Osten ist der Friede wieder in weite Ferne gerückt. Ein dauerhafter Frieden wird nur erreicht werden, wenn Juden, Moslems und Christen sich im Zeichen des einen Gottes und seiner Friedensbotschaft verständigen.

Auch im persönlichen Bereich ist es wichtig, dass der Einzelne trotz aller Gefahren und trotz aller Schuld im Vertrauen auf Gottes Schalom zu leben wagt. Es gibt Situationen im Leben, die uns den eigenen Frieden rauben. Immer wieder wird von „Wiedergutmachung“ gesprochen. In gewisser Weise kann man durch finanziellen Ersatz materiellen Schaden wieder gut machen. Aber kann man schuldig gebliebene Liebe in einer Beziehung, kann man ein einziges verletztes oder zerstörtes Leben wieder herstellen und gut machen?

Ich kenne einen Menschen, der in unsäglicher Weise darunter leidet, dass ihm in seinem Beruf ein schuldhafter Fehler unterlaufen war, durch den Menschen körperlicher Schaden zugeführt wurde. Als er bald darauf selbst krank wurde, erkannte er aus eigenem Empfinden heraus, dass seine plötzliche schwere Erkrankung durchaus etwas zu tun haben musste mit seiner Tat. Der Gedanke an ein mögliches Sterben im Verlauf der bevorstehenden Operation verursachte verzweifelte Friedlosigkeit. Doch auch die Vorstellung von einem Weiterleben mit dieser Schuld lastete wie ein Albtraum auf ihm. Wie kann ein solcher Mensch wieder Frieden finden? Kopf-hoch-Parolen verkennen die Ernsthaftigkeit der Gewissensnot. Flucht- und Verdrängungsmechanismen entlasten nicht wirklich, therapeutische Maßnahmen von Psychologie und Philosophie sind an ihre Grenzen gekommen, das hat das Gespräch in vorhergehendem Beispiel deutlich gezeigt.

Wir können nach christlichem Verständnis eines tun, nämlich unsere Schuld, unsere Last, unsere Mühsal, unsere Ängste dahin legen, wo Gott bereits alles hingelegt hat, nämlich auf den gekreuzigten Christus. Gott sagt uns: Deckt es nicht zu, verdrängt es nicht, versucht auch nicht, es zu vergessen. Lassen wir doch die Vergangenheit dort liegen, wo Gott sie schon längst abgelegt hat. Durch die Annahme seines Todes hat Jesus all unsere Schuld auf sich genommen und Versöhnung mit Gott herbeigeführt. Damit ist der Teufelskreis von Schuld und Vergeltung unterbrochen. Dieser Glaube ermöglicht Neuanfänge, bewältigt Schuld in einem tiefen und nicht oberflächlichen Sinn. „Christus ist unser Friede" (Epheser-Brief). Die Beziehung zu ihm gibt Entlastung schon vor dem Tod und über den Tod hinaus. Trotz schwerer Schuld können wir versöhnt mit unserer Lebensgeschichte weiterleben dank der Gnade des heilsamen Wirken Jesu Christi.

Ziel des Schalom ist innerer Frieden und nicht die Bestrafung eines anderen Menschen. Dieser Friede kehrt dann ein, wenn ich bereit und in der Lage bin, einem anderen zu verzeihen. Wer nicht verzeihen kann, wird eher krank. Verzeihen ist die größte Heilung. Wer anderen vergibt, tut sich somit auch selbst etwas Gutes. Er wird frei von seinem nagenden Hass, der auf Dauer krank macht. Menschen, die von ganzem Herzen verzeihen können, sind gesünder und zufriedener als andere, wie eine

Studie der Psychosomatischen Gesellschaft in Savannah im US-Bundesstaat Georgia herausgefunden hat. Die Fähigkeit, wirklich zu verzeihen, bewirkt eine so umfassende Wandlung unseres Lebens, wie wir sie uns niemals hätten träumen lassen.[49]

Zur Ruhe kommen

Beim Sabbatfeiern der Juden wird deutlich, welche Kraft aus der konzentrierten Ruhe kommt. Das geflügelte Wort eines Juden lautet: „Der Sabbat hält uns mehr als wir ihn." Ich wünschte, Sie könnten einmal in einer jüdischen Familie miterleben, wie die Mutter am Freitagabend, zu Beginn des Sabbats, die Kerzen anzündet und für die Erschaffung des Sabbats dankt. Für Körper und Seele, für alle Sinne ist es wohltuend, in einem feierlichen Innehalten neue Kraft für die Woche zu schöpfen.

Zurückdenkend an einen Aufenthalt in Israel, fällt mir sofort die herrliche Ruhe ein, die dort am Sabbat auf den Straßen einkehrte, weil an diesem Tag auch dem Auto Ruhe verordnet wird. Ich nahm die Welt wahr wie am ersten Schöpfungstag: Kein ohrenbetäubendes Hupen, keine Raserei, kein Quietschen der Bremsen störte diesen Frieden. Mensch und Natur wurden gleichermaßen geschont und konnten aufatmen.

Helmut Kindler erzählt in seiner Biografie „Zum Abschied ein Fest" in ergreifender Weise davon, wie Menschen im Konzentrationslager Trost und Ruhe fanden durch das Sprechen und Singen zärtlicher Lieder und Gedichte aus der Epoche der deutschen Romantik.

Das Lesen von Gedichten kann uns zu innerer Ruhe hinführen. Wir können die heilsame Wirkung des rhythmischen Sprachklangs verstärken, indem wir die Worte laut vor uns hin sprechen oder sie in vertonter Form als Musik in uns einströmen lassen. Ich kann Sándor Márai's

Worte gut nachempfinden: „Das meiste und Erhabenste meines Lebens verdanke ich den Dichtern. Sie gaben mir, gelegentlich, blitzartig, mit einer einzigen Zeile, diese Begeisterung, das Vergessen, das Herzklopfen und die tränenvolle Wonne, für die es sich lohnt zu leben und Mensch zu sein."

Der Natur begegnen

Trotz vielfältiger Versehrtheit, die der Mensch der Natur zugefügt hat, bleibt sie ein erstklassiges Therapeutikum zur Regeneration für Körper und Seele: Das Rauschen des Windes in den Bäumen zu hören, am Waldrand zu liegen und den Himmel zu betrachten, den betörenden Duft einer Rose zu riechen, im Schatten einer Buche vor der heißen Sonne Zuflucht zu finden und aufzuatmen. All dieses spendet Geborgenheit, ist Quelle und Balsam für jeden Menschen.

Kranke brauchen ebenso den Kontakt zur Natur und den Jahresrhythmen. Ich begleitete eine schwer kranke ältere Patientin von März bis Oktober. Wir standen zusammen auf dem Balkon des Klinikzimmers und betrachteten das Aufblühen der Bäume. Das gab der Patientin Kraft und Mut, gegen ihre Krankheit selbst aufzustehen und gleichsam dagegen „anzublühen". Sie brachte sich im Anblick der Natur unter. Als später die Früchte reif wurden, sich die Blätter färbten, um schließlich abzufallen, da war die Patientin den Weg von Blühen, Wachsen, Reifen und Fallen mitgegangen und konnte ihn in der Natur und bei sich selbst bejahen. Sie starb im November, ausgesöhnt und in großem Frieden.

Die leisen Wandlungen der Natur können auch Wandlung erstarrter Gedanken und Sinne bewirken, bei dem, der sich selbst einbringt. „Nun, armes Herz, vergiss der Qual, nun muss sich alles, alles wenden" (aus einem Frühlingsgedicht von L. Uhland). Selbst wenn keine Gelegenheit gegeben ist, draußen in der Natur zu sein, hilft gedankliches Visualisieren, um innerliche Ausgeglichenheit zu finden.

MEDITATION

Ich stelle mir einen Tag vor, an dem ich spüre, dass es bald Frühling werden wird.
Alles riecht nach Frühling.
Die Luft ist milder.
Ich empfinde die Sonnenstrahlen schon kräftiger.
Ich setze mich auf eine Bank unter einen Baum am Waldrand und genieße die Frühlingssonne, ich sehe das Wachsen kleiner Blätter an den Zweigen.
Wohlige, zarte Wärme breitet sich in mir aus.
Meine Beine werden warm und lebendig, als ob sie mich in den Frühling tragen wollten.
Mein Atem saugt die frische Frühlingsluft ein und mit jedem Einatmen kommt ein Stück neuen Lebens in mich hinein.
Mit jedem Ausatmen schicke ich ein Stück Herbst und Winter aus mir heraus. Jedes Ausatmen macht mich freier. Jedes Einatmen wacher, lebendiger.
Ich atme ein und spüre, wie meine Nase deutlicher den frischen Duft von neuem Leben riechen kann.
Ich höre die Vögel zwitschern und Insekten summen.
Ich sehe das frische Grün des Frühlings.
So öffnet der Frühling meine Sinne, er macht mich wach und neugierig für das neue Leben.
In mir fühle ich pulsierendes Leben und bin glücklich!

Anmerkungen

1 Selbstbestimmter Umgang mit Krankheit und Gesundheit

1 Beda Müller: Komm in mir wohnen, Schwaben, Ostfildern 1993.
2 Dr. med. Klaus Mohr: Psychoneuroimmunologie – Neue Einsichten zum Wirken der Selbstheilungskräfte, Bircher-Benner, Friedrichsdorf 1995.
3 Denise de Boer: Die neue Lust am Leben, Ed. Ferency by Bruckmann, München 1998.
4 Hildegunde Wöller: HerzensTore, Kösel, München 1997, S. 60f.
5 Anselm Grün: Gut mit sich umgehen, Grünewald, Mainz 1997, S. 64f.
6 Eva Maria Sanders: Leben – ich hatte Krebs und wurde gesund, Nymphenburger, München 1997, S. 180.
7 Dag Hammarskjöld, Zeichen am Weg. Das spirituelle Tagebuch des UN-Generalsekretärs, Pattloch, München 2001.
8 Eugen Drewermann: Zwischen Staub und Sternen, Patmos, Düsseldorf 1991.
9 Name und Anschrift zu erfahren über den Autor. Bitte Anfragen richten an den Verlag Vandenhoeck & Ruprecht, Redaktion Theologie.

2 Die Botschaft der Krankheit an die Seele

10 Gerda Boyesen: Über den Körper die Seele heilen, Kösel, München 1991.
11 Fritz Meerwein: Das ärztliche Gespräch, Hans Huber, Bern 1986, S. 18–19.
12 Zur Deutung und Be-Deutung der Krankheitsbilder verdanke ich interessante Anregungen den Autoren: Thorwald Dethlefsen/ Rüdiger Dahlke: Krankheit als Weg, Goldmann, München 1983, S. 23ff.
13 Peter Schellenbaum: Die Wunde des Ungeliebten, Kösel, München 1988.
14 Anselm Grün: Herzensruhe, Herder, Freiburg 1998, S. 158.

3 Unser Herz – Pulsschlag des Lebens

15 Gion Condrau: Das verletzte Herz, Kreuz, Zürich 1988.
16 Peter Lauster: Wege zur Gelassenheit, Econ, Düsseldorf 1984, S. 30.
17 Das Wort Herzenssparsamkeit ist eine Wortschöpfung des Dichters Albrecht Goes, der in Souveränität und mit seinem herzlich-großzügigen Denken in Wort und Tun auch für die jüdischen Mitmenschen eintrat.
18 Otto Betz: Der Leib als sichtbare Seele, Kreuz, Stuttgart 1991.
19 Ulrich Schaffer: Kopf und Bauch genügen nicht, Kaufmann, Stuttgart 1990, S. 16.
20 U. Schaffer, aaO., S. 29.

4 Das heilende Wort

21 Carl Rogers: Entwicklung der Persönlichkeit, Klett, Stuttgart 1985, S. 69.
22 C. Rogers, aaO., S. 47.
23 Carl Gustav Jung, Erinnerungen, Träume, Gedanken, Walter, Olten 1992, S. 343.
24 Jörg Zink: Die goldene Schnur, Kreuz-Verlag, Stuttgart 1999, S. 101.
25 Z.B. in der Kinderklinik am Klinikum Gesundbrunnen, Heilbronn.

5 Heilende Berührung

26 Fitness für Körper Geist und Seele, Gütersloh 1995.
27 Stewart Mitchell: Massage, Könemann, Köln 1997.
28 Dean Ornish: Die revolutionäre Therapie – Heilen mit Liebe, Mosaik, 1999, S. 163.
29 Pschyrembel, Medizinisches Wörterbuch, de Gruyter, Berlin, hier: Ausgabe 1995.
30 Dr. John Diamont: Die heilende Kraft der Emotionen, Verlag für angewandte Kinesiologie, Freiburg 1987.
31 Siehe Anm. 11.
32 Zeitschrift „Stipp-Visite“, Klinikum Heilbronn, Nr.1/2000.
33 Manfred Mai: Zärtlichkeit lässt Flügel wachsen, Kreuz, Stuttgart 1985, S. 8.
34 Jörg Zink: Vor uns der Tag, Verlag am Eschbach, 1993; © J. Zink/Verlag am Eschbach.

6 Die lebensgestaltende Kraft von Träumen

35 Marie-Louise von Franz: Träume, Diamont, Zürich 1995.
36 M.-L. von Franz, aaO.
37 Dietrich Bonhoeffer: Widerstand und Ergebung, Christian Kaiser 1998, S. 51/52.
38 Anselm Grün: Träume auf dem geistlichen Weg, Vier-Türme, Schwarzach 1999.

7 Heilung durch Musik

39 Hermann Hesse: Musik, Suhrkamp, Frankfurt/M. 1986, S. 152.
40 Albrecht Goes: Leicht und schwer, Fischer, Frankfurt/M. 1998.
41 Schildmann, Wolfgang: Was sind das für Zeichen? Kaiser, München 1991, S. 163.
42 Mozart-Briefe, Vanesse, Frankfurt.
43 Helmut Hark: Den Tod annehmen, Kösel, München 1995.
44 Gerti Senger: Sinnenfreude, Ariston, Genf 1985, S. 92.

8 Heilsame Gedanken und Lebensmuster

45 Ulrich Beer: Ich bin mein eigener Arzt, Kreuz, Stuttgart 1990, S. 103.
46 Wolfram Kurz/Franz Sedlak: Kompendium der Existenzanalyse, Tübingen 1999.
47 Arthur Freemann: Die zehn dümmsten Fehler kluger Leute, Piper, München 1999.
48 Weltbild, Heft 24/1999.
49 Gerald G. Jampolsky: Verzeihen ist die größte Heilung, Integral, München 2000.

Literaturhinweise

Alexander, Franz: Psychosomatische Medizin, de Gruyter, Berlin 1985.

Balig, Volkmar/Gene, Bernhard: Phantasiereisen, Kreuz, Stuttgart 1994.

Chapra, Deepark: Das gesunde Herz, Gustav-Lübbe, Bergisch Gladbach 1999.

Csikszentmihaly, Mihaly: Flow – Das Geheimnis des Glücks, Klett-Cotta, Stuttgart 1992.

Fink, Georg: Traumdeutung. Mit großem Lexikon der Traumsymbole, Falken, Niedernhausen 1996.

Jung, Carl Gustav: Erinnerungen, Träume, Gedanken, Walter, Olten 1992.

Kachler, Roland: Seelsorge in einer säkularen Welt, Vortrag Heilbronn 1994.

Menuhin, Yehudi: Unvollendete Reise, Piper, München 1999.

Mittag, Oskar: Mach' ich mich krank? Hans-Huber, Bern 1996.

Müller, Beda: Komm in mir wohnen, Schwaben, Ostfildern 1993.

Schildmann, Wolfgang: Was sind das für Zeichen? Kaiser, München 1991.

Simonton, O. Carl: Auf dem Wege der Besserung – Schritte zur körperlichen und spirituellen Heilung, Rowohlt, Reinbek b. Hamburg 1995.

Tausch, Reinhard: Hilfen bei Stress und Belastung, Rowohlt, Reinbek b. Hamburg 1996.

Weikert, Wolfgang: In der Krankheit spricht die Seele, Südwest, München 1996.